PROGRESSO

ECONÔMICO, HUMANO, SOCIAL E AMBIENTAL

I0390718

Domingos de Gouveia Rodrigues

Sumário

1. Introdução
2. Progresso Econômico, Humano, Social e Ambiental
2.1. Progresso e Crescimento Econômico
2.2. Medida do Progresso Econômico
2.3. Críticas ao PIB per capita
3. Evolução Histórica do Conceito de Crescimento Econômico
4. Cronologia da Teoria do Crescimento Econômico
5. Modelos de Crescimento Econômico
5.1. Modelo Harrod-Domar
5.2. Modelo de Crescimento Econômico Exógeno ou Modelo de Crescimento Neoclássico
5.3. Modelo de Crescimento Econômico Endógeno
5.4. Críticas aos Modelos de Crescimento Econômico
5.5. Crescimento Econômico e Clima
5.6. Evolução Histórica do Crescimento Econômico e da População
5.7. Reflexões Sobre o Crescimento Econômico
5.8. Variáveis Teóricas Explicativas do Crescimento Econômico
5.8.1. Taxa de Poupança
5.8.2. Relação Capital-Produto
5.8.3. Taxa de Crescimento da Produtividade
5.8.4. Progresso Tecnológico
5.8.5. Taxa de Crescimento da Força de Trabalho
5.8.6. Taxa de Investimento
5.8.7. Capital Humano
5.8.8. Outras Variáveis Explicativas do Crescimento Econômico
5.8.8.1. Infraestrutura
5.8.8.2. Regulação ou Garantia dos Contratos
5.8.8.3. Controle das Contas Públicas
5.8.8.4. Nível da Competitividade Internacional
5.8.8.4.1. Participação do Brasil no Comércio Mundial: 1950-2018
6. Progresso e Desenvolvimento Econômico
6.1. Definição de Desenvolvimento Econômico
6.2. Definição de Desenvolvimento Sustentável
6.3. Evolução Histórica do Conceito de Desenvolvimento Econômico
6.4. Cronologia da Teoria do Desenvolvimento Econômico
6.5. Teorias e Modelos de Desenvolvimento Econômico
6.5.1. Friedrich List e o Progresso de Uma Nação
6.5.2. Teoria da Destruição Criadora de Schumpeter
6.5.3. Teoria do "Big-Push" ou Industrialização por Crescimento Equilibrado
6.5.4. Tese Prebisch-Singer ou da Deterioração dos Termos de Troca
6.5.5. Modelo dos Estágios de Desenvolvimento
6.5.6. Teoria dos Dois Hiatos
6.5.7. Teoria da Dependência
6.5.8. Teoria dos Sistemas Mundiais
6.5.9. Teoria da Mudança Estrutural
6.5.10. Teoria das Vantagens do Atraso
6.5.11. Teoria do Crescimento Desequilibrado
6.6. Abordagens Recentes ao Desenvolvimento Econômico

6.6.1. Desenvolvimento Humano
6.6.2. Equilíbrio Social e Desenvolvimento Econômico
6.6.2.1. IPH – Índice de Pobreza Humana
6.6.3. Sustentabilidade e Desenvolvimento Econômico
6.6.3.1. IBES – Índice de Bem-Estar Econômico Sustentável
6.6.3.2. IPG – Indicador de Progresso Genuíno
6.6.3.3. PIB Verde
6.6.4. Felicidade e Desenvolvimento Econômico
6.6.4.1. IFNB – Índice de Felicidade Nacional Bruta
6.6.4.2. IPF – Índice do Planeta Feliz
6.6.4.3. ISCV – Índice de Satisfação Com a Vida
6.7. Reflexões Sobre o Progresso e o Desenvolvimento
6.7.1. O Aspecto Econômico
6.7.2. O Aspecto Ambiental
6.7.3. O Aspecto Social
6.7.4. O Aspecto Político
6.7.5. O Aspecto Tecnológico
6.7.6. O Aspecto Militar
6.7.7. O Aspecto Humano
6.7.8. Os Princípios Morais
6.8. Limites ao Crescimento Econômico
6.9. Indicadores de Progresso Humano, Social e Ambiental
6.9.1. Progresso Humano
6.9.1.1. IDH – Índice de Desenvolvimento Humano
6.9.1.1.1. Avaliando o IDH
6.9.1.1.2. Críticas ao IDH
6.9.1.2. IPH – Índice de Pobreza Humana
6.9.2. Progresso Social
6.9.2.1. Índice de Progresso Social
6.9.2.2. IVM – Índice de Vida Melhor - OCDE
6.9.3. Progresso Ambiental
6.9.3.1. IBES – Índice de Bem-Estar Econômico Sustentável
6.9.4. Outros Indicadores
6.9.4.1. IPG – Indicador de Progresso Genuíno
6.9.4.2. IFNB – Índice de Felicidade Nacional Bruta
6.9.4.3. IPF – Índice de Planeta Feliz
6.9.4.4. ISCV – Índice de Satisfação Com a Vida
6.9.4.5. PIB Verde
6.9.5. Visão Filosófica Sobre a Felicidade
7. O Problema da Informalidade
7.1. Definição de Economia Formal e de Economia Informal
7.2. Informalidade e Legislação
7.3. Implicações Negativas da Informalidade
7.3.1. Tamanho da Informalidade
7.3.2. Crescimento das Atividades Ilegais e Criminosas
7.3.3. Redução da Competitividade das Empresas Formais
7.3.4. Alteração no Equilíbrio Atuarial da Previdência
7.4. Implicações Positivas da Informalidade
7.4.1. Maior Equilíbrio Social
7.4.2. Crescimento da Demanda na Economia Formal

7.4.3. Escola de Empreendedores
8. Exercícios Propostos
9. Políticas Econômico-Sociais: Desigualdades Sociais - Causas e Consequências
9.1. Introdução
9.2. Socioeconomia
9.3. Políticas Econômico-Sociais
9.4. O Papel do Estado
9.4.1. Papel Regulador
9.4.2. Papel Participativo na Produção
9.4.3. Papel de Fornecedor de Bens Públicos
9.4.4. Papel Distributivo
9.5. Investimentos em Infraestrutura
9.5.1. Principais Problemas
9.6. Entraves ao Desenvolvimento Econômico e Social
9.6.1. Baixa Qualificação dos Trabalhadores
9.6.2. Más Condições Sanitárias e de Saneamento Básico
9.6.3. Má Distribuição da Renda e da Riqueza
9.6.4. Violência Crônica
9.7. Indicadores Econômicos, Sociais e Ambientais
9.7.1. Indicadores de Renda e de Riqueza
9.7.2. Indicadores de Crescimento Econômico
9.7.3. Indicadores de Desenvolvimento Econômico
9.7.4. Indicadores de Educação
9.7.5. Indicadores de Emprego
9.7.6. Indicadores de Ciência e Tecnologia
9.7.7. Indicadores de Comércio Exterior e Competitividade Internacional
9.7.8. Indicadores de Energia
9.7.9. Indicadores de Capacidade Militar e de Defesa
9.7.10. Indicadores de Pobreza
9.7.11.   Indicadores de Saúde
9.7.12.   Indicadores de Violência
9.7.13.   Indicadores de Urbanização
9.7.14.   Indicadores de Meio Ambiente e Poluição
9.7.15.   Indicadores Populacionais
9.7.16.   Indicadores de Gênero
9.7.17. Indicadores de Investimentos
9.7.18. Indicadores de Distribuição de Renda
9.7.19. Indicadores de Inflação
9.7.20. Indicadores das Contas do Governo
9.7.21. Indicadores de Direitos Humanos, Sociais e Trabalhistas
9.8. Distribuição de Renda
9.8.1.   Medidas de Distribuição de Renda
9.8.1.1. Medidas de Renda Absoluta
9.8.1.1.1.   Linha de Pobreza Absoluta
9.8.1.1.2.   Índice de Pobreza
9.8.1.2. Medidas de Renda Relativa
9.8.1.2.1.   Distribuições Percentis
9.8.1.2.2.   Linha de Pobreza Relativa
9.8.1.2.3.   Linha Híbrida de Pobreza

9.8.1.2.4.   Curva de Lorenz
9.8.1.2.5.   Coeficiente de Gini
9.8.1.2.6.   Índice de Theil
9.8.1.2.7.   Índice Robin Hood
9.8.1.2.8.   Desvio-Padrão da Renda
9.8.1.2.9.   Número de Pessoas Abaixo da Linha de Pobreza
9.8.1.3. Distribuição Pessoal da Renda
9.8.1.4. Distribuição Funcional da Renda
9.8.1.5. Distribuição de Renda no Brasil e em Outros Países
9.8.1.6. Salário Mínimo Real no Brasil: 1940-2019
9.8.1.7. Fatores Explicativos da Distribuição de Renda
9.8.1.7.1.   Curva de Kuznets
9.8.1.7.1.1. Curva de Kuznets Ambiental
9.8.1.8. Políticas de Redistribuição da Renda
9.8.1.8.1.   Acesso Universal a Educação e Saúde Públicas
9.8.1.8.2.   Taxação Progressiva da Renda e do Patrimônio
9.8.1.8.3.   Introdução de Um Salário Mínimo
9.8.1.8.4.   Subsídios aos Preços dos Bens Públicos e Transferências do Estado
9.8.1.8.5.   Introdução de Políticas de Renda Mínima
9.8.1.9.   Implicações Negativas da Desigualdade de Renda e de Riqueza
9.8.1.9.1.   Falta de Coesão Social
9.8.1.9.2.   Falta de Respeito Pelos Valores Sociais e Morais
9.8.1.9.3.   Aumento das Taxas de Criminalidade
9.8.1.9.4.   Baixos Níveis de Expectativa de Vida
9.8.1.9.5.   Baixa Eficiência da Distribuição de Renda
9.8.1.9.6.   Menor Incentivo à Iniciativa, à Competição e à Inovação
9.8.1.9.7.   Desestímulo ao Crescimento Econômico
9.8.1.9.7.1. Crescimento Econômico no Brasil: 1948-2018
9.8.1.9.7.2. Taxa de Inflação no Brasil: 1944-2018
9.8.1.9.8.   Degradação do Meio Ambiente
9.9. Medidas de Alcance Social no Brasil
9.9.1. Carga Tributária no Brasil: 1900-2017
9.9.1.1. Curva de Laffer
9.9.2. Encargos Sociais Básicos Sobre os Salários
9.10. Análise Comparativa entre Países Selecionados dos Indicadores Econômico-Sociais
9.11. Alguns dos Principais Problemas do Brasil
9.12.   Exercícios Propostos
10. Bibliografia
Apêndice 1: Indicadores Econômicos-Sociais Selecionados – Países Selecionados
Apêndice 2: Planos de Estabilização Econômica no Brasil

"A palavra "progresso" não terá qualquer sentido enquanto houver crianças infelizes." Albert Einstein

"O mesmo progresso técnico que deveria diminuir grande parte da carga de trabalho necessário para o sustento do homem, é a causa principal da miséria de hoje." Albert Einstein

"Já observamos que as fortunas ou infortúnios dos indivíduos dependem da manutenção da independência e do progresso de toda a nação." Friedrich List

"Da nação, atraem todos os benefícios da civilização, iluminação, progresso e instituições sociais e políticas, bem como avanços nas artes e ciências." Friedrich List

"Se eu vi mais longe, foi por estar de pé sobre ombros de gigantes." Isaac Newton

"Devemos o progresso aos insatisfeitos." Aldous Huxley

"A insatisfação é o primeiro passo para o progresso de um homem ou uma nação." Oscar Wilde

"O progresso não é senão a realização de utopias." Oscar Wilde

"Os sistemas malsucedidos são os que apostam mais na permanência da natureza humana do que na sua evolução e no seu desenvolvimento." Oscar Wilde

"A parte mais importante do progresso é o desejo de progredir." Sêneca

"De nada serve ao homem conquistar a Lua se acaba por perder a Terra." François Mauriac

"O progresso dá-nos tanta coisa que não nos sobra nada nem para pedir, nem para desejar, nem para jogar fora." Carlos Drummond de Andrade

"O progresso não é mais do que o desenvolvimento da ordem." Auguste Comte

"O progresso do homem não é mais do que uma descoberta gradual de que suas perguntas não têm significado." Antoine de Saint-Exupéry

"O homem sensato adapta-se ao mundo. O homem insensato insiste em tentar adaptar o mundo a si. Sendo assim, qualquer progresso depende do homem insensato." Bernard Shaw

"O poder de questionar é a base de todo progresso humano." Indira Gandhi

"O mundo não está a mudar porque os operadores de computador substituíram os datilógrafos, mas porque a luta humana para sobreviver e prosperar depende agora de uma fonte de riqueza inteiramente nova. É a informação, o conhecimento aplicado ao trabalho para criar valor." Bill Gates

"Quando dás às pessoas novas ferramentas, ferramentas de comunicação inovadoras, isso tem um efeito transformador. Para encontrares a última vez em que algo tão radical aconteceu terias que voltar ao início da Era Industrial." Bill Gates

"O mundo está sempre a progredir, não apenas pelos poderosos empurrões dos seus heróis, mas também pelo conjunto de todos os pequenos empurrões de cada trabalhador honesto." Helen Keller

"Muitas vezes, o chamado progresso pode ser uma violência. Pode agir como uma agressão silenciosa contra sociedades inteiras e, sobretudo, contra os mais pobres dessa sociedade." Mia Couto

"A essência do progresso é decadência. Progredir é morrer, porque viver é morrer." Fernando Pessoa

"Todo progresso tem como meta a entropia." Agostinho Silva

"Segue as tuas melhores ou piores inclinações e, antes de mais nada, encaminha-te para a tua perdição; em ambos os casos favorecerás, provavelmente, de uma maneira ou de outra, o progresso da humanidade." Friedrich Nietzsche

"Toda a história do progresso humano pode reduzir-se à luta da ciência contra a superstição." Gregório Marañón

"Que há de mais absurdo que o progresso, já que o homem, como está provado pelos fatos de todos os dias, é sempre igual e semelhante ao homem, isto é, sempre em estado selvagem." Charles Baudelaire

"O progresso é o desenvolvimento gradual do poderio humano sobre a matéria; é, sobretudo, o desenvolvimento de sua moralidade." Anne Turgot

"Todo o progresso foi conseguido pelas características superiores de alguns homens." Cayo Salústio

"Estou convencido de que a "tarefa primordial" das instituições humanas, dentre as quais também o progresso, seja aquela de não apenas preservar os homens de sofrimentos inúteis e da morte precoce, mas também de conservar no homem toda a sua humanidade: a satisfação do trabalho desenvolvido com a inteligência das mãos e da mente, a satisfação de ajudar-se mutuamente e de um relacionamento feliz com os homens e com a natureza, a satisfação do conhecimento da arte." Andrei Sakharov

"Todo o progresso baseia-se num desejo inato e universal, da parte de todo o organismo, de viver além dos seus próprios meios." Samuel Butler

"A preguiça é a mãe do progresso. Se o homem não tivesse preguiça de caminhar, não teria inventado a roda." Mario Quintana

"O progresso é impossível sem mudança; e aqueles que não conseguem mudar as suas mentes não conseguem mudar nada." George Bernard Shaw

"O passado serve para evidenciar as nossas falhas e dar-nos indicações para o progresso do futuro." Henry Ford

"O mundo detesta mudanças e, no entanto, é a única coisa que traz progresso." Charles F. Kettering

"O progresso roda constantemente sobre duas engrenagens. Faz andar uma coisa esmagando sempre alguém." Victor Hugo

"Se queremos progredir, não devemos repetir a história, mas fazer uma história nova." Mahatma Gandhi

"Se não existe esforço, não existe progresso." Fredrick Douglas

Fontes das citações: www.citador.pt; www.frasesfamosas.com.br; www.pensador.com.

"The basic purpose of development is to enlarge people's choices. In principle, these choices can be infinite and can change over time. People often value achievements that do not show up at all, or not immediately, in income or growth figures: greater access to knowledge, better nutrition and health services, more secure livelihoods, security against crime and physical violence, satisfying leisure hours, political and cultural freedoms and sense of participation in community activities. The objective of development is to create an enabling environment for people to enjoy long, healthy and creative lives."*

"O propósito básico do desenvolvimento é ampliar as escolhas das pessoas. Em princípio, estas escolhas podem ser infinitas e podem mudar ao longo do tempo. As pessoas frequentemente valorizam conquistas que não aparecem, ou não imediatamente, nos números de crescimento e renda: maior acesso a conhecimento, melhor nutrição e serviços de saúde, subsistência mais segura, segurança contra crime e violência física, horas de lazer satisfatórias, liberdade política e cultural e senso de participação nas atividades da comunidade. O objetivo do desenvolvimento é criar um ambiente que permita às pessoas usufruírem de vidas longas, saudáveis e criativas."

Mahbub ul Haq (1934-1998)
Fundador do Relatório de Desenvolvimento Humano
Coautor do Índice de Desenvolvimento Humano - IDH

Mahbub ul Haq

*"Human development, as an approach, is concerned with what I take to be the basic development idea: namely, advancing the richness of human life, rather than the richness of the economy in which human beings live, which is only a part of it."**

"Desenvolvimento humano, como uma abordagem, é preocupado com o que eu tomo como a ideia básica: nomeadamente, avançar na riqueza da vida humana, ao invés de na riqueza da economia na qual os seres humanos vivem, a qual é apenas parte dela."

Prof. Amartya Sen
Professor de Economia, Harvard University
Prêmio Nobel de Economia, 1998
Coautor do Índice de Desenvolvimento Humano - IDH

Amartya Sen

*Citações em inglês retiradas do site das Nações Unidas.

1. Introdução

O objetivo deste livro é discutir as questões mais relevantes relacionadas com o processo gerador do progresso econômico, humano, social e ambiental e apresentar as principais teorias, modelos e indicadores relacionados com esse processo. Procuramos relacionar o Progresso tanto com variáveis econômicas (crescimento econômico), quanto com variáveis não econômicas (desenvolvimento humano, social e ambiental). Inicialmente, definimos crescimento econômico, apresentamos a medida padrão do crescimento econômico e as críticas ao PIB per capita. Descrevemos a evolução histórica do conceito de crescimento econômico, os modelos de crescimento econômico (modelo Harrod-Domar, etc.), as críticas aos modelos de crescimento econômico, a evolução histórica do crescimento econômico e as variáveis teóricas explicativas do crescimento econômico.

Na segunda parte do livro, definimos desenvolvimento econômico, definimos desenvolvimento sustentável, apresentamos a evolução histórica do conceito de desenvolvimento econômico, a cronologia da teoria do desenvolvimento econômico, e as teorias do desenvolvimento econômico (a visão de Friedrich List sobre o progresso, destruição criadora de Schumpeter, Big-Push, Prebisch-Singer, estágios de desenvolvimento, dois hiatos, dependência, sistemas mundiais, mudança estrutural, vantagens do atraso e crescimento desequilibrado). Discorremos, também, sobre as abordagens recentes ao desenvolvimento, nossas reflexões sobre o desenvolvimento, os limites ao crescimento, os indicadores de desenvolvimento (IDH, IPH, Índice de Progresso Social, Índice de Vida Melhor, etc.) e o problema da informalidade.

Na terceira parte do livro, definimos socioeconomia, definimos políticas econômico-sociais, discutimos o papel do Estado numa economia moderna, os principais entraves ao desenvolvimento econômico, os principais indicadores econômico-sociais, as principais medidas de distribuição de renda, a análise comparativa do desempenho econômico-social do Brasil vis-à-vis outros países, analisamos alguns dos principais problemas do Brasil e, ao final, apresentamos exercícios propostos.

2. Progresso Econômico, Humano, Social e Ambiental

Progresso, em sentido geral, é o processo de melhoria qualitativa da vida dos seres humanos, tanto em termos materiais ou econômicos, quanto em termos humanos, sociais, políticos e ambientais. Pressupõe, portanto, a aquisição de novos e melhores bens materiais, a aquisição de novos e mais sofisticados conhecimentos científicos e tecnológicos, uma melhor relação com o meio ambiente e a Natureza, um domínio das doenças que lhe permita viver mais e melhor e uma visão filosófica de mundo que permita a todos os seres humanos viverem felizes, em paz e em segurança. Progresso é, assim, um processo contínuo civilizacional e de desenvolvimento em seus múltiplos aspectos.

2.1. Progresso e Crescimento Econômico

Crescimento econômico é uma medida da variação na quantidade de bens e serviços produzida em determinado país ou região, ao longo de certo período de tempo, sem levar em conta como esses bens e serviços são distribuídos na sociedade. Portanto, a taxa de crescimento econômico pode ser interpretada como uma medida do progresso econômico de uma nação.

2.2. Medida do Progresso Econômico

A medida-padrão do crescimento econômico é o PIB – Produto Interno Bruto per capita (por habitante), a qual tem sido também utilizada, ao longo do tempo, como um indicador do padrão de vida médio de uma determinada sociedade. Esse indicador pode ser visto como a renda média de certa comunidade. O crescimento do produto ou da renda per capita tem sido associado à melhoria das condições de vida ou bem-estar social. Matematicamente:

$$PIB \ per \ capita = \frac{PIB}{População}$$

2.3. Críticas ao PIB per Capita

São de várias ordens as críticas ao PIB per capita como medida do bem-estar social:

- Não leva em conta as desigualdades de renda entre os indivíduos.

- Não considera as atividades informais da economia.

- Não calcula os custos ambientais (externalidades negativas) da produção e do consumo.

- Não inclui as atividades das donas-de-casa que não são remuneradas.

- Não considera variáveis qualitativas importantes como longevidade, acesso a educação, saúde e conhecimento.

Assim, como veremos posteriormente, indicadores de desenvolvimento, tais como o IDH – Índice de Desenvolvimento Humano ou o IPH – Índice de Privação Humana, são muito mais apropriados para medir o bem-estar social do que o PIB per capita.

3. Evolução Histórica do Conceito de Crescimento Econômico

O conceito de crescimento econômico tem variado ao longo do tempo, conforme exposto a seguir.

Período Pré-Mercantilismo: Não havia um conceito estruturado de crescimento econômico. As economias, ainda muito primitivas, cresciam a taxas muito baixas ou mesmo não havia crescimento econômico.

Mercantilismo: O crescimento era associado à acumulação de ouro e outros metais preciosos, sob o controle do Estado. O expansionismo territorial e a formação de colônias estão inseridos dentro dessa lógica, visando aumentar o saldo comercial e a acumulação de riqueza. O termo "acumulação primitiva" é associado a esse período. O superávit da balança comercial pode ser visto como o motor do crescimento econômico. Surge o conceito de reserva de mercado com o Pacto Colonial.

Revolução Industrial: O conceito de crescimento econômico fica associado à produção manufatureira. O desenvolvimento da indústria manufatureira, a importação de matérias-primas baratas e a exportação de bens manufaturados como motor do crescimento econômico surge com a Revolução Industrial.

Liberalismo Econômico: O conceito de liberalismo econômico surge com a Revolução Industrial na Inglaterra e a produção manufatureira atomizada. Surge a concepção moderna do crescimento econômico, primeiro, com os Fisiocratas e, em seguida, com Adam Smith (1723-1790) e David Ricardo (1772-1823). A grande preocupação era estudar as causas da riqueza das nações. A teoria das vantagens comparativas de David Ricardo dá o suporte em favor da estratégia de livre comércio como motor do crescimento econômico, altamente benéfica para a Inglaterra, nação-líder da Revolução Industrial, e para outras nações que seguiram seus passos.

Adam Smith

David Ricardo

Século XX: Surgem os modelos formais de crescimento econômico: modelo Harrod-Domar, modelo neoclássico e modelo de crescimento endógeno. Novas variáveis são incorporadas: taxa de poupança, relação capital-produto, tecnologia, taxa de investimento, progresso técnico, força de trabalho e capital humano. Esses modelos tentam determinar as variáveis que poderiam explicar o crescimento econômico dos países capitalistas desenvolvidos.

Roy Harrod   Evsey Domar

Século XXI: O crescimento econômico no contexto da globalização: o aproveitamento das vantagens comparativas pelas empresas globais. A concentração do capital. A ascensão de novas potências industriais e tecnológicas.

4. Cronologia da Teoria do Crescimento Econômico

O crescimento econômico é um dos temas mais estudados pelos economistas ao longo da História. A razão fundamental para isso é que, sendo o crescimento econômico o aumento na produção de bens e serviços ao longo do tempo, pode-se estabelecer uma relação direta entre crescimento econômico e melhoria da qualidade de vida, razão última de qualquer política econômica. Em termos cronológicos, resumidamente, a teoria do crescimento econômico evolui como segue:

- **Séculos XV a XVII:** Mercantilismo: A acumulação de riqueza pelo Monarca (Estado) como medida (motor) do crescimento econômico.

Jean-Baptiste Colbert (1619-1683)

- **Séculos XVIII e XIX**: Economia Clássica: estudar os fatores que determinavam a riqueza das nações e, assim, o crescimento econômico, a longo prazo.
- **1850-1910**: Auge do Marginalismo e defesa do liberalismo econômico como motor do crescimento econômico.
- **Final do Século XIX e Início do Século XX**: Teoria dos Ciclos Econômicos: determinar os fatores que desviavam a economia de sua tendência de crescimento de longo prazo. Grande preocupação com o Capitalismo Monopolista e com a concentração do poder econômico das firmas.
- **Anos 1920s**: Modelos de Crescimento Ótimo (Ramsey (1928); von Neumann (1925). Área da teoria econômica estudada pela primeira vez pelo economista matemático Frank P. Ramsey (1903-1930) e pelo matemático J. Von Neumann (1903-1957). O problema fundamental é determinar o caminho de crescimento ótimo que o sistema econômico deve seguir, uma vez definidos os objetivos de longo prazo a alcançar, utilizando basicamente instrumental matemático.

F. Ramsey

- **Anos 1930's e 1940's**: Modelos de Crescimento Harrod-Domar: fortemente influenciados pelos impactos da Grande Depressão, demonstram grande pessimismo quanto à possibilidade de haver um processo de crescimento econômico forte e estável a longo prazo. O capitalismo é visto como um sistema instável e a teoria econômica é fortemente influenciada pela Teoria Geral de Keynes.
- **Anos 1950's e 1960's**: Auge da Teoria do Crescimento Econômico: entender as tendências do crescimento econômico a longo prazo, o ciclo econômico sendo visto como passageiro. Modelos neoclássicos de crescimento a um setor, a dois setores e multissetores. Modelos de safra. Modelos de crescimento exógeno. Modelo de Solow. A Escola de Cambridge: a controvérsia do capital, o modelo de Kaldor, o modelo de Kaldor-Pasinetti, as regras de bolso de colete. Joan Robinson e suas idades metálicas. Fase áurea do capitalismo: grande otimismo e crescimento e liderança das ideias keynesianas. O apogeu da publicação de artigos sobre crescimento econômico ocorre na metade dos anos 1960s.

N. Kaldor (1908-1986) J. Robinson(1903-1983)

- **Análise do Resíduo** – área econômica criada, fundamentalmente, pelos trabalhos de E. F. Denison (1915 - 1992) e R. H. Solow (1924 -), dentre outros, a partir da constatação empírica de que o crescimento econômico nos Estados Unidos no século XX é menos explicado pelas variações observadas nos níveis de capital e na oferta de mão de obra do que pelo progresso tecnológico, o que veio a ser conhecido como "fator residual".
- **Anos 1970s**: Limites ao Crescimento. Começo das preocupações com os impactos do crescimento econômico sobre o meio ambiente. 1973-1985: Período caracterizado pelo ocaso da teoria do crescimento econômico, com o praticamente desaparecimento de novos trabalhos acadêmicos sobre o tema, em função da incapacidade dos modelos neoclássicos explicarem a grande instabilidade que caracterizou o período, em particular o problema da "estagflação', ou seja, a combinação de estagnação econômica com a inflação elevada. Primeiras crises do petróleo. Modelos de Crescimento Liderado Pelas Exportações (Modelo de A.P.Thirwall). A experiência dos "Tigres Asiáticos". Contraposição crescimento liderado pelo mercado interno versus crescimento liderado pelas exportações.

Antony P. Thirwall (1941-), economista pós-keynesiano, biógrafo de Nicholas Kaldor e autor do célebre livro "Economics of Development: Theory and Evidence", demonstrou que se um país de preocupa com o equilíbrio de longo prazo do balanço de pagamentos, sua taxa de crescimento da renda nacional (y_{Bt}) pode ser aproximada pela relação entre a taxa de crescimento das exportações (x_t) e a elasticidade da demanda por importações (π), conhecida, na literatura pós-keynesiana, como a "Lei Fundamental de Thirwall":

$$y_{Bt} = \frac{x_t}{\pi}$$

A. P. Thirwall

- **Anos 1980's:** Nova Teoria do Crescimento Econômico Endógeno. Modelo de Romer (1986) e importância dos retornos crescentes de escala no crescimento econômico. Ascensão do neoliberalismo econômico: Ronald Reagan (Estados Unidos) e Margareth Thatcher (Reino Unido).
- **Visão atual sobre o crescimento econômico.** O papel da tecnologia de informação e do conhecimento no crescimento econômico. O aprofundamento da globalização. A expansão de Brasil, China, Coreia do Sul, Índia e Rússia. Novas possibilidades de convergência entre os países desenvolvidos e os países em desenvolvimento.

Evolução Econômica e Social (marcha do tempo)			
	Primeira Onda ou Sociedade Pré-Industrial	Segunda Onda ou Sociedade Industrial	Terceira Onda ou Sociedade Baseada na Informação
Recurso-Chave	Terra	Maquinaria Industrial	Conhecimento
Setor Dominante da Economia	Agricultura	Indústria	Serviços
Grupos Sociais	Camponeses, Proprietários de Terra	Trabalhadores, Empresários	Consumidores, Tecnocratas
Tecnologias Dominantes	Agricultura	Energia e Processos	Informática, Telemática, Robótica, Biotecnologia, Novos Materiais
Era da História	Séc. 30 a .C. até Séc. 18 D.C.	Séc. 18 D.C. até 1950	A partir de 1950
Tipo de Desenvolvimento Econômico	Linear, Moderado	Exponencial, Conflitivo	Assintótico, Equilibrado

Fonte: Daniel Bell (1970) e Alvin Toffler(1973), citado em Mosquera (1991).

Dois importantes trabalhos merecem ser citados: Alvin Toffler (1928 - 2016) publicou "O Choque do Futuro", 1970; e Daniel Bell (1919-2011) publicou "A Sociedade Pós-Industrial" ("The Coming of Post Industrial Society: A Venture in Social Forecasting"), 1973.

Alvin Toffler

5. Modelos de Crescimento Econômico

Os economistas procuram estudar o fenômeno do crescimento econômico metodologicamente. Para isso, constroem modelos econômicos em que procuram separar as variáveis mais importantes para explicar o crescimento econômico. Um breve resumo dos principais modelos de crescimento econômico é apresentado a seguir.

5.1. Modelo Harrod-Domar

O modelo Harrod-Domar leva o nome de dois economistas que o formularam de modo independente, Sir Roy Harrod (1900-1978) e Ivsey Domar (1914-1997) e representa a primeira tentativa de modelar analiticamente o crescimento econômico. Esse modelo começa em 1939 quando Harrod, economista britânico da Universidade de Oxford de orientação keynesiana e que introduz uma análise dinâmica do processo econômico, publica "Essay in Dynamic Theory"; e se consolida com as publicações de Domar, economista polonês de orientação keynesiana, no período 1946-47. Esse modelo define uma relação funcional em que a taxa de crescimento do produto (g) depende diretamente da taxa de poupança nacional (s) e inversamente da relação capital-produto nacional (k). Assim,

$$g = \frac{s}{k}$$

Onde:

$$g = \frac{\Delta Y}{Y}$$

$$k = \frac{\Delta K}{\Delta Y}$$

$$s = \frac{\Delta Y}{Y} \frac{\Delta K}{\Delta Y}$$

Portanto, pelo modelo Harrod-Domar, quanto maior a taxa de poupança e menor a relação capital-produto, maior a taxa de crescimento econômico de um país.

Harrod define as taxas de crescimento garantida (g_w) e natural (g_n), fazendo a interação do multiplicador com o acelerador na linha de seu trabalho "Trade Cycle", de 1936. A questão central, para Harrod, era manter em igualdade essas duas taxas, face ao caráter instável do sistema capitalista. Domar chegou a conclusões semelhantes, embora empregando uma notação diferente.

A taxa de crescimento garantida (g_w) seria "... a taxa global de progressão que, se for realizada, deixaria os empresários prontos para realizar uma progressão idêntica no período seguinte" (Harrod, 1948).

$$g_w = \frac{\Delta Y^e}{Y}$$

Por seu turno, a taxa de crescimento natural (g_n) seria a taxa permitida a longo prazo pelo crescimento da força de trabalho e pelo progresso tecnológico.

Ainda que o modelo Harrod-Domar procurasse explicar o equilíbrio de longo prazo nas economias capitalistas avançadas, face a sua grande simplicidade, no período do pós-Segunda Guerra Mundial esse modelo foi muito usado nos países em desenvolvimento em políticas de planejamento econômico. Ao se fixar uma determinada taxa de crescimento econômico (g), automaticamente se determina a taxa de poupança nacional (s) necessária para financiar esse crescimento. Caso a poupança nacional não seja suficiente, abre-se a possibilidade de tomar empréstimos no exterior, recorrendo à poupança externa. Esse princípio levou à famosa fórmula de fazer o bolo crescer (renda) para depois distribuir o bolo (renda) nos países em desenvolvimento e no Brasil, em particular, nos anos 1970s, subjugando a distribuição da renda à necessidade primeira de fazer a renda crescer.

5.2. Modelo de Crescimento Econômico Exógeno ou Modelo de Crescimento Neoclássico

O termo "teoria do crescimento exógeno" é atribuído a um conjunto amplo de trabalhos que analisa o crescimento econômico de longo prazo, a partir dos princípios teóricos neoclássicos. O modelo de crescimento exógeno ou modelo de crescimento neoclássico foi desenvolvido por Robert Solow (1956) e Trevor W. Swan (1956), entre outros autores, e dá grande ênfase ao papel da tecnologia na explicação da taxa de crescimento econômico. Nesse sentido, ele também é conhecido como "modelo de crescimento neoclássico" ou "modelo de crescimento de Solow". Robert Solow (1924 -) recebeu o Prêmio Nobel de Economia de 1987, por sua grande contribuição à análise do crescimento econômico.

R. Solow   T. Swan (1918-1989)

Modelo de Solow:

$$Y\,(t) = K\,(t)^{\alpha}\,(A(t)\,L(t))^{1-\alpha}$$

Onde:

Y(t) = Produção total.
K(t) = Capital.
L(t) = Trabalho.
t = Tempo.
A(t) = Tecnologia.
α = Elasticidade do produto em relação ao capital (0<α<1).

Neste modelo, Trabalho (L) e Tecnologia (A) crescem exogenamente, respectivamente, a taxas constantes n e g:

$$L(t) = L(0)e^{nt}$$

$$A(t) = A(0)e^{gt}$$

No modelo de Solow, a função de produção tem retornos constantes de escala, trabalho e tecnologia crescem a taxas constantes, a produção se divide entre consumo e investimento e o investimento é considerado exógeno e cresce a taxas constantes.

Na prática, a contribuição mais importante do modelo neoclássico foi incluir um termo – o crescimento da produtividade – ao modelo Harrod-Domar. O modelo de Solow – segunda tentativa de modelar analiticamente o crescimento – considera o trabalho como um fator de produção, assumindo retornos constantes de escala para ambos os fatores, além de introduzir a tecnologia como uma variável distinta de capital e trabalho.

O modelo de Solow também se distingue do modelo Harrod-Domar porque as relações capital-produto e capital-trabalho são variáveis (no modelo Harrod-Domar são fixas), levando a que o conceito de progresso técnico seja diferente do conceito de intensidade do capital.

As implicações do modelo neoclássico são que a taxa de crescimento é exogenamente determinada (fora do modelo), convergindo a longo prazo para uma taxa de crescimento estável e constante (crescimento zero da renda per capita a longo prazo), dependente apenas da taxa de progresso técnico e da taxa de crescimento da força de trabalho.

Esse modelo, portanto, difere do modelo Harrod-Domar em dois pontos fundamentais:

- A taxa de poupança determina o nível de renda, mas não a taxa de crescimento econômico. Aumentos permanentes na propensão a poupar, ainda que aumentem os níveis de produto por trabalhador e de capital por trabalhador, não alteram a taxa de crescimento econômico a longo prazo.

- A mudança tecnológica é o principal determinante da taxa de crescimento econômico. Solow (1957), mostrou que 90 por cento do crescimento econômico nos Estados Unidos, num longo período de tempo, eram explicados por essa variável: " (...) por aritmética a taxa de crescimento do produto por pessoa ou por trabalhador era definido pela taxa de progresso tecnológico trabalho-aumentador" (Solow, 2000, p. 97).

Ambos os modelos – neoclássico e Harrod-Domar -, contudo, ressaltam a importância da cumulação de capital na explicação da taxa de crescimento econômico.

No modelo de Solow, os países que mais cresceriam a longo prazo seriam aqueles que ou inovassem mais ou tivessem maior crescimento populacional. Ou seja:

- Havendo crescimento do capital em relação ao trabalho, aumentará o crescimento econômico porque a força de trabalho ficará mais produtiva.

- Os países mais pobres crescerão a taxas mais elevadas, porque a produtividade do capital nesses países será maior do que em países com estoque de capital muito maior.

- Assumindo retornos decrescentes do capital, haverá um ponto no futuro em que acréscimos no estoque de capital não produzirão mais crescimento econômico, uma situação de crescimento estável. O progresso tecnológico poderia superar esse problema, mas, nesse modelo, ele é exógeno, ou seja, determinado fora do modelo.

De acordo com o modelo de Solow, os países mais pobres tenderiam a convergir a longo prazo para os níveis de renda dos países ricos, mas, com exceção de alguns países da Ásia, como Japão e Coreia do Sul, isso não ocorreu, levando os críticos a deduzir que outras variáveis explicam o crescimento econômico, tais como variáveis institucionais, liberdade de comércio e empreendedorismo e políticas educacionais e tecnológicas ativas.

Kenneth Arrow (1962) introduziu na teoria do crescimento econômico o efeito aprendizado ("learning-by-doing"), em que o aumento do estoque de capital físico gera desenvolvimento tecnológico pelo aprendizado das firmas ao lidar com esse capital.

Kenneth Arrow

5.3. Modelo do Crescimento Econômico Endógeno

A teoria ou modelo do crescimento endógeno surgiu nos anos 1980s tentando responder às críticas feitas aos modelos de crescimento neoclássicos. A teoria do crescimento endógeno tenta corrigir as falhas dos modelos neoclássicos, construindo modelos de crescimento fortemente baseados nos princípios microeconômicos, em que as famílias maximizam sua utilidade sujeita a restrições orçamentárias, enquanto que as firmas são agentes maximizadores de lucro. Além disso, consideram o capital, o trabalho e o progresso tecnológico como variáveis endógenas (dentro do modelo). Robert Lucas Jr. (1988) afirma ser o capital humano incorporado na força de trabalho a principal causa do crescimento econômico a longo prazo. Lucas (op cit), a partir do modelo de H. Uzawa (1965), considera o capital humano o motor do crescimento econômico, em função dos efeitos de "spillover" ("transbordamentos") do capital humano entre as diversas economias. A convergência dos níveis de renda entre os diversos países vai depender do grau de relacionamento entre os mesmos.

Y = F (K, L, T)

Onde:

Y = Renda; K = Capital; L = Trabalho; T = Tecnologia.

R. Lucas Jr.

Esta teoria inclui uma explicação matemática atribuindo papel fundamental ao desenvolvimento tecnológico e à formação de capital humano (habilidades e conhecimento que aumentam a produtividade da força de trabalho) na explicação do processo de crescimento econômico e afirma que a política econômica pode afetar a taxa de crescimento de longo prazo ao estimular os investimentos em P&D tecnológico (inovação) e em educação e treinamento da mão de obra (formação).

De acordo com a teoria do crescimento endógeno, ao contrário do capital físico, o capital humano apresentaria retornos crescentes de escala. Não haveria, assim, retornos constantes do capital, como nos modelos de Solow. Dessa forma, as economias capitalistas nunca alcançariam uma situação de estagnação da taxa de crescimento da renda per capita a longo prazo.

Nesse sentido, pode-se inferir que essa teoria é capaz de explicar melhor porque os países mais desenvolvidos crescem mais do que os países mais pobres e também porque alguns países em desenvolvimento, notadamente da Ásia, tais como Japão e Coreia do Sul, convergiram mais rapidamente para os níveis de desenvolvimento dos primeiros, na medida em que esses países investirem fortemente em capital humano e expandiram seus investimentos em P&D tecnológico. Por outro lado, os países mais pobres se afastariam cada vez mais dos países desenvolvidos e dos de crescimento rápido, aumentando as disparidades de renda a nível mundial.

Ainda que muitos modelos de crescimento endógeno assumam concorrência perfeita e, assim, produtividade marginal do capital constante, muitos outros modelos assumem a existência de algum grau de monopólio através da criação de patentes.

O trabalho de Paul Romer (1955 -) nessa área, ao longo dos últimos anos, tem sido construir formulações matemáticas em que o progresso tecnológico é visto como o resultado da ação deliberada dos agentes econômicos através da intensificação da pesquisa e do desenvolvimento tecnológicos, com a particular hipótese de que os gastos em P&D geram retornos crescentes de escala, fator essencial na manutenção do crescimento econômico de longo prazo. Como vimos, os retornos crescentes de escala de P&D tecnológico garantiriam que o sistema econômico capitalista não convergisse para a estagnação econômica, como nos modelos de Solow.

Paul Romer

Romer, Paul M. (1994) "The Origins of Endogenous Growth". *Journal of Economic Perspectives* 8(1) inverno 1994.

Romer (1986) ressalta as externalidades geradas pela acumulação de capital e Romer (1990) define os investimentos em P&D como a principal fonte do progresso tecnológico e, assim, do crescimento econômico.

Em Romer (1986) podemos inferir que uma política econômica ativa do Estado pode promover o crescimento econômico ao estimular o investimento em P&D.

5.4. Críticas aos Modelos de Crescimento Econômico

As principais críticas aos modelos de crescimento econômico são:

- Utilizam hipóteses não compatíveis com a realidade observada.
- Não incorporam o papel das políticas públicas no crescimento.
- Apesar do grande esforço humano e intelectual e da imensa quantidade de artigos e livros sobre o tema, não foram capazes de explicar adequadamente a expansão capitalista dos anos 1950s e 1960s, em particular a experiência da Europa Ocidental e do Japão.
- Não explicam adequadamente o papel da poupança e do progresso tecnológico no crescimento econômico de longo prazo.

Por outro lado, reconhece-se que alguns desses modelos enfatizam adequadamente o papel de variáveis-chaves no crescimento econômico, tais como investimento e tecnologia, além de servir como uma estrutura teórica para estabelecer hipóteses comportamentais relacionadas com eventuais medidas de política econômica.

5.5. Crescimento Econômico e Clima

A literatura do crescimento econômico também tem estudado a relação entre o crescimento econômico e o clima. Países com clima mais frio tenderiam a crescer mais do que países com clima mais quente. Todavia, as relações causais e os outros fatores relacionados precisam ser estudados de modo mais rigoroso e profundo.

5.6. Evolução Histórica do Crescimento Econômico e da População

Crescimento Populacional e do Produto per capita (Taxa Média Anual %)		
Época/Sistema	População	Produto per capita
Agricultura (500-1500)	0,1	0,0
Agricultura Desenvolvida (1500-1700)	0,2	0,1
Capitalismo Mercantilista (1700-1820)	0,4	0,2
Capitalismo (1820-1980)	0,9	1,6

Fonte:Angus Maddison, Phases of Capitalismo Developmente, Oxford e New York: Oxford University Press, 1982, Tabela 1.2, citado em Sachs-Larrain (1992, p. 619).

Angus Maddison (1926-2010)

A partir do quadro acima, podemos inferir:

- Há uma aceleração da taxa de crescimento populacional ao longo do tempo, devida à melhoria acentuada nas condições de vida mundiais (urbanização, acesso a saneamento básico e água potável, serviços de saúde, etc.).

- O período 500-1500 é caracterizado por uma completa estagnação do produto per capita.
- O Mercantilismo (1500-1700) não foi capaz de acelerar a taxa de crescimento do produto per capita, ainda que tenha produzido algum crescimento.
- O crescimento econômico sustentado a longo prazo a taxas elevadas é um fenômeno só alcançado pelo Capitalismo a partir de 1820.

5.7. Reflexões Sobre o Crescimento Econômico

O caráter instável das economias capitalistas tem levado os economistas e a classe política a se preocuparem com a administração da economia a curto prazo, tentando encontrar remédios para solucionar os problemas decorrentes dos ciclos econômicos, em especial a desaceleração no crescimento econômico e, mesmo, a recessão e a depressão econômicas.

Todavia, a questão central da economia, e que tem ocupado os corações e as mentes de muitos economistas e políticos, é o crescimento econômico de longo prazo, que é aquele que garantiria uma melhoria permanente na qualidade de vida dos indivíduos como um todo. A lógica é cartesiana: sendo o bem-estar social medido pelo consumo de um conjunto de bens e serviços, quanto maior o crescimento econômico, maior a produção desses bens e serviços, maior o consumo e maior o bem-estar social.

Portanto, a questão central da economia é determinar as variáveis e as condições que garantiriam o crescimento econômico de longo prazo.

5.8. Variáveis Teóricas Explicativas do Crescimento Econômico

A partir dos modelos de crescimento econômico podemos identificar as variáveis teóricas mais importantes na explicação do crescimento econômico de longo prazo, as quais são apresentadas a seguir.

5.8.1. Taxa de Poupança

Espera-se uma relação direta entre a taxa de poupança e a taxa de crescimento econômico. Sociedades que poupam mais e consomem menos no presente podem investir mais na capacidade de produção, permitindo maior produção de bens e serviços no futuro e, portanto, maior crescimento econômico.

5.8.2. Relação Capital-Produto

A teoria econômica define uma relação inversa entre a taxa de crescimento econômico e a relação capital-produto. Ou seja, economias com menor relação capital-produto precisariam passar por longos períodos de investimentos em capital (máquinas, equipamentos, construções), o que promoveria maiores taxas de crescimento econômico.

5.8.3. Taxa de Crescimento da Produtividade

Espera-se uma relação direta entre a taxa de crescimento da produtividade e a taxa de crescimento econômico. Sociedades mais produtivas são mais capazes de gerar renda e, portanto, maior crescimento econômico. A produtividade pode ser medida, por exemplo, pela relação entre o valor da produção e o número de horas trabalhadas.

5.8.4. Progresso Tecnológico

Espera-se uma relação direta entre a taxa de progresso tecnológico e a taxa de crescimento econômico. O desenvolvimento tecnológico levaria a maior produtividade do capital e da força de trabalho, estimulando o crescimento econômico. Como vimos, em alguns modelos, pelas externalidades positivas que gera, o progresso tecnológico provoca retornos crescentes de escala, fator que permitiria manter o crescimento econômico a longo prazo, evitando a estagnação econômica, como sugerido nos modelos de Solow.

5.8.5. Taxa de Crescimento da Força de Trabalho

Espera-se uma relação direta entre a taxa de crescimento da força de trabalho e a taxa de crescimento econômico. Maior disponibilidade do fator de produção trabalho permite a expansão do sistema econômico, levando a maior crescimento da economia.

5.8.6. Taxa de Investimento

Espera-se uma relação direta entre a taxa de investimento e a taxa de crescimento econômico. A expansão contínua do estoque de capital (máquinas, equipamentos, construções), gera efeitos positivos sobre a capacidade de produção de bens e serviços e, assim, sobre a capacidade de crescimento econômico.

5.8.7. Capital Humano

Espera-se uma relação direta entre o aperfeiçoamento do capital humano ("conjunto de habilidades e competências dos indivíduos"), mediante o crescimento dos investimentos em educação, saúde e habilidades, e a taxa de crescimento econômico. Maiores e melhores conhecimentos por parte da força de trabalho, contribuem para a melhoria de sua produtividade e, assim, para o aumento da taxa de crescimento econômico. Isso explica porque alguns países têm uma política deliberada de atração de profissionais qualificados e que, na prática, leva à chamada "fuga de cérebros" de outros países.

5.8.8. Outras variáveis Explicativas do Crescimento Econômico

5.8.8.1. Infraestrutura: A construção de adequada infraestrutura econômica (escolas, hospitais, universidades, portos, aeroportos, rodovias, telecomunicações e internet) ajudaria a promover o crescimento econômico e a reduzir os custos da atividade econômica ("Custo Brasil"), tornando o país mais competitivo.

5.8.8.2. Regulação ou Garantia dos Contratos: A redução do risco jurídico do investimento e o estabelecimento dos direitos de propriedade ajudaria a promover os investimentos e estimularia o crescimento econômico.

5.8.8.3. Controle das Contas Públicas: Políticas de controle rigoroso das contas públicas e do déficit público permitiria ao sistema econômico produzir com menor carga tributária, aumentando a competitividade das empresas e promoveria o crescimento econômico.

5.8.8.4. Nível da Competitividade Internacional: Um elevado nível de competitividade internacional das empresas promoveria o aumento das exportações, o controle dos déficits no balanço de pagamentos e estimularia o crescimento econômico.

5.8.8.4.1. Participação do Brasil no Comércio Mundial: 1950-2018

Como se vê no gráfico abaixo, o Brasil vem perdendo, tendencialmente, participação no comércio mundial de bens e serviços. As exportações brasileiras, que alcançaram 2,4% das exportações mundiais em 1950, reduziram essa participação para 1,2% em 2018. As importações, por sua vez, tiveram essa participação reduzida de 2,3% em 1951 para 0,9% em 2018. Esses dados, portanto, denotam fraco dinamismo da economia brasileira no contexto mundial, fator que contribui negativamente para o crescimento econômico.

Participação do Brasil no Comércio Mundial 1950-2018 (%)

——— Exportações ——— Importações

6. Progresso e Desenvolvimento Econômico

Como vimos, Progresso é um processo contínuo civilizacional e de desenvolvimento. Assim, há uma clara relação entre o Progresso e o processo de desenvolvimento econômico a longo prazo.

6.1. Definição de Desenvolvimento Econômico

Desenvolvimento econômico é uma medida qualitativa do processo econômico e se relaciona com um amplo conjunto de indicadores, levando em conta uma melhor distribuição de renda e a redução absoluta e relativa de pobreza, tanto a nível mundial, quanto a nível regional ou de países, medindo a melhoria do padrão de vida de uma sociedade, representada, por exemplo, pelo acesso a consumo, educação, saúde, lazer, treinamento e educação formal e longevidade dos cidadãos de determinado país ou comunidade.

Desse modo, crescimento e desenvolvimento econômico são dois conceitos diferentes, sendo o desenvolvimento econômico um conceito mais qualitativo, incluindo as alterações da composição do produto e a alocação dos recursos pelos diferentes setores da economia, de forma a melhorar os indicadores de bem estar econômico e social (pobreza, desemprego, desigualdade, condições de saúde, alimentação, educação e moradia consumo de alimentos, habitação, saúde, segurança, educação, habilidades para lidar com as novas tecnologias, nível de escolha, autoestima, felicidade pessoal e coletiva, realização pessoal).

O desenvolvimento é uma tarefa multidisciplinar relacionada com os países mais pobres e deve abordar, além das questões econômicas, aspectos sociais, políticos, filosóficos, demográficos, antropológicos, ecológicos e institucionais. Ou seja, a disciplina do desenvolvimento econômico é um ramo da Economia que procura analisar o processo de desenvolvimento dos países em estágio inferior de desenvolvimento, buscando, também, identificar as variáveis fundamentais desse processo e as medidas que poderiam ser tomadas para colocá-los no caminho do rápido progresso, de modo a convergirem para os níveis dos países desenvolvidos.

6.2. Definição de Desenvolvimento Sustentável

Desenvolvimento sustentável é o desenvolvimento que possa assegurar às futuras gerações uma qualidade de vida igual ou superior à existente no presente, compatibilizando crescimento econômico com a preservação do meio ambiente. Assim, o desenvolvimento sustentável diz respeito à preservação dos recursos para uso das futuras gerações. Desse modo, qualquer atividade econômica predatória que leve à exaustão dos recursos naturais é a própria negação dos conceitos de sustentabilidade e de desenvolvimento.

6.3. Evolução Histórica do Conceito de Desenvolvimento Econômico

As questões relacionadas com o desenvolvimento econômico já estavam presentes, de certo modo, na análise dos economistas clássicos e também nos trabalhos de Joseph Schumpeter (1883-1950) no início do século XX. Todavia, o desenvolvimento econômico, como um amplo e disseminado campo de interesse intelectual, surgiu apenas após a Segunda Guerra Mundial, relacionado com as preocupações que o mundo capitalista desenvolvido tinha com os impactos da descolonização e da expansão dos regimes socialistas sobre os países em desenvolvimento da América Latina, África e Ásia, que, na média, apresentavam baixo padrão de desenvolvimento. Os países capitalistas avançados procuravam, na verdade, meios de impedir que os países em desenvolvimento pudessem ser atraídos pela ideologia do socialismo ou do comunismo.

6.4. Cronologia da Teoria do Desenvolvimento Econômico

- **Século XIX**: Economistas clássicos: procuraram determinar as causas da riqueza das nações.

- **Anos 1910's**: Teoria do Desenvolvimento Econômico de Schumpeter. Embrião do conceito da Destruição Criadora. O papel fundamental do empreendedor nos ciclos econômicos.

- **Anos 1940's**: Surge, no contexto dos países em desenvolvimento, o ramo econômico do "Desenvolvimento Econômico", a partir do uso de técnicas de planejamento econômico, da ascensão de regimes socialistas e do nascimento de um clima de "guerra fria" entre o Ocidente capitalista e a antiga União Soviética, socialista. Destruição Criadora de Schumpeter: o desenvolvimento econômico como o resultado de mudanças descontínuas e espontâneas no ciclo econômico. Rosentein-Rodan e a Confederação do Danúbio: surge o conceito do crescimento equilibrado. Teoria do Crescimento Equilibrado e "Big Push".

- **Anos 1950's**: Surgimento de Teorias do Desenvolvimento Econômico: Teoria da Industrialização Retardatária, Teoria da CEPAL ou Análise Estruturalista, O Círculo Vicioso da Pobreza. Novas contribuições ao conceito de Big-Push. Teoria do Crescimento Desequilibrado.

- **Anos 1960's**: Novas Teorias do Desenvolvimento Econômico: Teoria dos Dois Hiatos, Teoria da Dependência, Teoria dos Estágios de Crescimento, Paradigma Neomarxista: Teoria dos Sistemas Mundiais. Teoria dos Choques Adversos. Teoria do Desenvolvimento do Subdesenvolvimento. Teoria da Mudança Estrutural.

- **Anos 1990's e anos 2000's**: Índice de Desenvolvimento Humano - IDH. Indicadores de Pobreza (Privação) Humana - IPH. Coeficiente de Gini aplicado à medição da desigualdade de renda. Desenvolvimento Sustentável. Preocupação com os impactos do crescimento sobre o meio ambiente. Preocupação com um conceito abrangente de desenvolvimento humano e com a redução das desigualdades de renda mundiais.

6.5. Teorias e Modelos de Desenvolvimento Econômico

Da mesma forma que procuram sistematizar o conhecimento acerca do fenômeno do crescimento econômico, os economistas também têm se preocupado em expandir esse conceito, chegando ao que se denomina desenvolvimento econômico. Muitas teorias e modelos foram construídos nesse sentido, conforme veremos a seguir.

Uma boa parte dessas teorias e modelos procurou dividir o mundo em Centro, constituído pelos países desenvolvidos e altamente industrializado, e Periferia, constituída pelos países em desenvolvimento e altamente dependente do Centro.

6.5.1. Friedrich List (1789-1846) e o Progresso de Uma Nação

Friedrich List

"Já observamos que as fortunas ou infortúnios dos indivíduos dependem da manutenção da independência e do progresso de toda a nação."
Friedrich List

List é um economista alemão, considerado o pai da moderna economia do desenvolvimento econômico, antecipando vários dos conceitos e argumentos utilizados pelos teóricos do desenvolvimento ao longo dos anos 1950s, 1960s e 1970s, tais como a formulação de políticas industriais, o investimento em capital humano, o desenvolvimento de sistemas nacionais de inovação, o investimento em infraestrutura, o conceito da indústria nascente, a importância do mercado interno, os estágios de desenvolvimento econômico, a importância da proteção tarifária e a nacionalização de indústrias estratégicas.

Em 1841, Friedrich List (1789-1846) publica sua mais importante obra "Das Nationale System der Politischen Ökonomie" ("O Sistema Nacional de Economia Política"), em que defende suas ideias protecionistas. List gozou de grande prestígio na Alemanha até a deflagração da Primeira Guerra Mundial.

Na verdade, suas ideias, particularmente a defesa dos interesses dos setores e empresas estratégicas, têm sido praticadas em diversos países e continentes, estando presentes em diversas políticas implementadas nos Estados Unidos, Europa, Ásia e América Latina.

Pensamentos de Friedrich List (1789-1846):

"The Natural System of Political Economy" ("O Sistema Natural da Economia Política"), (1837):

"Já observamos que as fortunas ou infortúnios dos indivíduos dependem da manutenção da independência e do progresso de toda a nação."

"Da nação, atraem todos os benefícios da civilização, iluminação, progresso e instituições sociais e políticas, bem como avanços nas artes e ciências."

"Finalmente, uma nação não deve considerar o progresso das indústrias de um ponto de vista puramente econômico. As manufaturas se tornam uma parte muito importante do patrimônio político e cultural da nação."

"... Seguindo esses exemplos, todo governo responsável deve se esforçar para remover os obstáculos que impedem o progresso da civilização e estimular o crescimento das forças econômicas que uma nação carrega em seu seio."

"As instalações educacionais serão ampliadas e melhores padrões de moralidade serão estabelecidos. As instituições políticas também serão melhoradas. Desta forma, uma nação atrasada pode evoluir para um estado progressivo."

"The National System of Political Economy" ("O Sistema Nacional da Economia Política"), (1841):

"... todas as nações que não progredirem adiante afundam-se cada vez mais, e devem finalmente cair."

"Mas a política exige, nos interesses de cada nação separada, garantias para sua independência e existência continuada, regulamentos especiais para ajudar seu progresso na cultura, prosperidade e poder, a construir sua sociedade em um corpo político perfeitamente completo e harmoniosamente desenvolvido, contido e independente."

"A nação... deve sacrificar algumas vantagens presentes para assegurar a si mesma vantagens futuras."

"Não é mais que justo que a Inglaterra, agora que atingiu o ponto culminante de seu crescimento e progresso industrial, deva restaurar novamente às nações da Europa continental uma parte das forças produtivas que ela originalmente derivou delas."

"O mundo não foi impedido em seu progresso, mas imensamente auxiliado pela Inglaterra."

"Para o crescimento mais rápido de um espírito de invenção e melhoria industrial, de reforma social e política, mais ampla torna-se a lacuna entre nações estacionárias e progressistas, e mais perigoso é permanecer do outro lado."

List desenvolveu o conceito de "economia nacional", em contraposição ao conceito de "liberdade individual", não aceitando os argumentos de Adam Smith e de Jean-Baptiste Say a favor do livre mercado e dos benefícios sociais do "egoísmo do indivíduo".

List questionou a validade do livre comércio para nações em estágios inferiores de desenvolvimento, defendendo que as empresas dos países mais desenvolvidos ocupariam os mercados das economias mais frágeis, não dando qualquer chance a que empresas nacionais surgissem e se consolidassem. Assim, defendeu um protecionismo temporário às empresas nacionais, até que estas crescessem e pudessem então competir com as outras empresas num mercado de livre concorrência.

List duvidou da sinceridade da Grã-Bretanha em sua defesa do livre mercado, dado que este país já detinha à época superioridade econômica sobre outras nações:

"Qualquer nação que por meio de deveres protetores e restrições à navegação aumentou seu poder de produção e sua navegação para tal grau de desenvolvimento que nenhuma outra nação pode sustentar a livre competição com ela, não pode fazer nada mais sábio do que jogar fora essas escadas de sua grandeza. Pregar a outras nações os benefícios do livre comércio e declarar em tom penitente que ela até agora perambulou pelos caminhos do erro e agora, pela primeira vez, conseguiu descobrir a verdade."

List emigrou para os Estados Unidos, país onde políticas protecionistas eram defendidas e adotadas antes mesmo de sua declaração de independência, particularmente por Alexander Hamilton, Secretário do Tesouro de George Washington.

As políticas econômicas levadas a cabo na América Latina e na Ásia após a Segunda Guerra Mundial tiveram forte inspiração nas ideias de List. Todavia, tiverem sucesso apenas em algumas nações asiáticas (Coreia do Sul, Taiwan, Hong-Kong, Malásia e Japão), fracassando quase que inteiramente na América Latina.

O fator diferenciador foi, seguramente, a diferença na aplicação de políticas voltadas para a educação e o desenvolvimento tecnológico, eficazes na Ásia e frágeis na América Latina.

Para List, os países pertencentes às zonas temperadas e que seriam providas naturalmente por condições naturais favoráveis, naturalmente passariam por certos estágios de desenvolvimento:

1. Vida pastoral: estágio de desenvolvimento primitivo.
2. Agricultura: comércio livre com outras nações, importando manufaturas e exportando matérias-primas.

3. **Agricultura unida às manufaturas:** Introdução de mecanismo de proteção à indústria nacional nascente, em paralelo à exportação de matérias-primas.
4. **Agricultura, manufaturas e comércio são combinados:** Uma vez alcançado um elevado estágio de desenvolvimento, volta às políticas de livre comércio.

Assim, caberia ao Estado criar as condições para que o progresso fosse alcançado através de legislação e ação administrativa apropriada.

6.5.2. Teoria da Destruição Criadora de Schumpeter

Joseph Alois Schumpeter (1883-1950), austríaco naturalizado americano, é um dos mais influentes economistas do século XX, notadamente na área do pensamento econômico, sendo um grande estudioso nas questões relacionadas aos ciclos econômicos e aos sistemas econômicos.

J. Schumpeter

Schumpeter atribui importância fundamental aos empreendedores cujas inovações tecnológicas levam à expansão das economias capitalistas e diferencia desenvolvimento econômico de crescimento econômico. Para ele, o desenvolvimento econômico resulta de mudanças descontínuas e espontâneas do lado da oferta, ao longo do ciclo econômico, e consiste na introdução de novos produtos e novos meios de produção. De acordo com Schumpeter:

"Não será designado aqui como um processo de desenvolvimento o mero crescimento da economia, demonstrado pelo crescimento da população e da riqueza." ["A Teoria do Desenvolvimento Econômico", p. 47].

A contribuição teórica mais famosa de Schumpeter é o conceito de Destruição Criadora, que ele delineia, pela primeira vez em 1907, em seu famoso trabalho "A Teoria do Desenvolvimento Econômico", p. 47, chamando-o, então, de "combinações novas":

"Desenvolvimento (...) é o tipo de mudança que emerge de dentro do sistema que desloca de tal modo o seu ponto de equilíbrio que o novo não pode ser alcançado a partir do antigo mediante passos infinitesimais. Adicione sucessivamente quantas diligências quiser, com isso nunca terá uma estrada de ferro."

"(...) Na medida em que (...) as novas combinações aparecerem descontinuamente então surge o fenômeno que caracteriza o desenvolvimento (...) o desenvolvimento, no sentido que lhe damos, é definido então pela realização de novas combinações."

"Esse conceito engloba os cinco casos seguintes:

- Introdução de um novo bem;
- Introdução de um novo método de produção (descoberta científica nova, nova técnica de venda);
- Abertura de um novo mercado;
- Conquista de uma fonte de oferta de matérias-primas ou de bens semimanufaturados;
- Estabelecimento de uma nova organização de qualquer indústria, como a criação de uma posição de monopólio (por exemplo, pela trustificação) ou a fragmentação de uma posição de monopólio."

Em 1942, em seu não menos famoso livro "Capitalismo, Socialismo e Democracia", Schumpeter define claramente o que ele chama de "destruição criadora":

"O Capitalismo, então, é, pela própria natureza, uma forma ou método de mudança econômica, e não apenas nunca está, mas nunca pode estar estacionário. E tal caráter evolutivo do processo capitalista não se deve meramente ao fato de a vida econômica acontecer num ambiente social que muda e, por sua mudança, altera os dados da ação econômica; isso é importante e tais mudanças (...) frequentemente condicionam a mudança industrial, mas não seus motores principais. Tampouco se deve esse caráter evolutivo a um aumento quase automático da população e do capital ou dos caprichos dos sistemas monetários, para os quais são verdadeiras exatamente as mesmas coisas. O impulso fundamental que inicia e mantém o movimento da máquina capitalista decorre de novos bens de consumo, dos novos métodos de produção ou transporte, dos novos mercados, das novas formas de organização industrial que a empresa capitalista cria (...) A abertura de novos mercados (...) e o desenvolvimento organizacional (...) ilustram o mesmo processo de mutação industrial (...) que incessantemente revoluciona a estrutura econômica a partir de dentro, incessantemente destruindo a velha, incessantemente criando uma nova. Esse processo de destruição criadora é o fato essencial do capitalismo. É nisso que consiste o capitalismo e é aí que têm de viver todas as empresas capitalistas." Joseph Schumpeter, 1984, Capitalismo, Socialismo e Democracia, pp. 112-113.

Schumpeter (1939), identificou três grandes revoluções industriais:

- 1780s-1830s: Nova máquina têxtil, a máquina a vapor de Watt e o novo método de fabricação de ferro;

- 1840s-1900s: A revolução das ferrovias; e

- 1900s: As rupturas tecnológicas na eletricidade, indústria química e motor de combustão interna.

6.5.3. Teoria do "Big-Push" ou Industrialização por Crescimento Equilibrado

Paul Rosenstein-Rodan (1902-1985), economista polonês educado em Viena, Áustria, de acordo com os princípios da Escola Austríaca e influenciado pelos trabalhos de Allyn Young (1876 - 1929), notadamente o conceito de retornos crescentes de escala, é considerado um dos criadores da teoria do desenvolvimento econômico. Rosenstein-Rodan desenvolveu a teoria do "Big-Push" nos anos 1940s, em que uma economia funcionando de acordo com os princípios do livre mercado, precisaria de estímulos dados por investimentos em larga escala definidos em programas de planejamento centralizado.

Rosenstein-Rodan

Para Rosenstein-Rodan, a industrialização simultânea de diversos setores da economia – que é a própria definição de crescimento equilibrado – pode resultar em benefícios para todos, mesmo que cada um, individualmente, não consiga alcançar o crescimento equilibrado. Essa estratégia de desenvolvimento seria centrada na obtenção de fortes economias de escala industriais, através do investimento simultâneo de vários setores que pudessem permitir um crescimento mais acelerado nos setores cuja elasticidade-renda fosse mais elevada e um crescimento mais lento nos setores cuja elasticidade-renda fosse baixa, estratégia essa que ficou conhecida como "Modelo de Crescimento Equilibrado".

Essa estratégia colocou em contraposição as políticas de desenvolvimento centradas no mercado externo (exportações) e as políticas de desenvolvimento centradas no mercado interno (substituição de importações).

Uma das questões centrais dessa teoria é que as decisões de uma firma em relação à sua modernização dependem de suas expectativas em relação ao que outras farão.

Ragnar Nurske

Ragnar Nurkse (1907-1959), economista estoniano também educado de acordo com os princípios da Escola Austríaca, aprofundou a teoria do Big-Push de Rosenstein-Rodan, sendo seu principal defensor, enfatizando o papel do mercado interno, da poupança e da acumulação de capital no desenvolvimento econômico. Criou o Modelo do Círculo Vicioso do Subdesenvolvimento utilizando o conceito de "círculo vicioso da pobreza" para explicar a recorrência do subdesenvolvimento.

A teoria do "Big-Push", ainda que não tenha sido efetivamente implementada em nenhum país, acabou por influenciar decisivamente as políticas de industrialização por substituição de importações nos anos 1950s, 1960s e, mesmo, 1970s, em muitos países em desenvolvimento.

6.5.4. Tese Prebisch-Singer ou da Deterioração dos Termos de Troca

Raul Prebisch (1901-1986), economista argentino, secretário-executivo da CEPAL – Comissão Econômica Para a América Latina e o Caribe no período 1948-1962, é um dos principais contribuidores à análise estruturalista, particularmente à tese Prebisch-Singer, que é considerada a espinha-dorsal da Teoria da Dependência.

R. Prebish

Prebisch criticou a teoria das vantagens comparativas de David Ricardo e dividiu o mundo em "centro", consistindo em nações industrializadas produtoras e exportadoras de bens manufaturados, e "periferia", as nações produtores e exportadoras de produtos primários.

H. Singer

Essa tese – desenvolvida de modo independente por Raul Prebisch e Hans Singer (1910-2006), economista alemão e aluno de Schumpeter – afirma que os termos de troca entre os produtos primários e os bens manufaturados tendem a se deteriorar ao longo do tempo. Ou seja, os países primário-exportadores poderiam importar cada vez menos para um dado nível de exportações. Em resposta a esse problema, Prebisch defendeu a ideia de que os países em desenvolvimento deveriam diversificar suas economias, reduzindo sua dependência de produtos primários e desenvolvendo sua indústria manufatureira.

Prebisch e Singer observam que o mundo é dividido em centro e periferia. A periferia produz e exporta produtos primários para o centro e, este, produz e exporta para a periferia bens manufaturados. À medida que a tecnologia é aperfeiçoada, o centro é capaz de reter sua poupança através de maiores salários e lucros através do poder de sindicatos e empresas. Na periferia, contudo, as empresas e os sindicatos são mais fracos, levando a preços e lucros mais baixos. Assim, ocorreria um declínio nos termos de troca, em favor das nações industrializadas, em que as nações da periferia teriam que exportar uma quantidade cada vez maior de produtos primários para manter o mesmo valor exportado.

A tese central é que todos os benefícios das inovações tecnológicas e do comércio internacional iriam para as nações industrializadas. A explicação para o fenômeno seria que a elasticidade-renda da demanda para bens manufaturados é maior do que para produtos primários, em particular alimentos. Assim, à medida que a renda aumenta, a demanda por bens manufaturados aumenta mais do que a demanda por produtos primários.

Partindo do pressuposto de que a deterioração dos termos de troca era resultado da estrutura da economia mundial, muitos economistas defenderam a criação de uma política de industrialização à base da substituição de importações e o fortalecimento do mercado interno como estratégia de desenvolvimento.

A tese Prebisch-Singer levou ao surgimento da política de industrialização por substituição de importações, muito popular nos anos 1970s na América Latina, em que uma nação, de certo modo, se isolava do mundo e tentava se industrializar através de seus próprios recursos, com ênfase no mercado interno.

A industrialização por substituição de importações é baseada em uma política industrial ativa que incentiva e subsidia um conjunto de setores estratégicos para a economia – incluindo as indústrias nascentes -, a fixação de barreiras alfandegárias à importação de produtos similares e o uso de uma política monetária e cambial que incentiva a desvalorização da moeda nacional, de modo a estimular as exportações. Muitos economistas acreditavam que o modelo de industrialização acelerada utilizado em certos países (Alemanha, Itália e Rússia) poderia ser replicado na América Latina e, assim, superar o subdesenvolvimento nessa região.

Essa política de industrialização acelerada foi utilizada de modo diferente na Ásia e na América Latina. No primeiro caso, foi utilizada para promover o crescimento econômico baseado nas exportações; no segundo caso, por sua vez, foi utilizada para promover o crescimento econômico através do estímulo ao mercado interno.

Na América Latina, os países que alcançaram melhores resultados foram Brasil, México, Argentina e Chile. Todavia, com exceção do Chile, passaram por sucessivas crises econômicas ao longo dos anos 1980s e 1990s, para muitos, fruto de suas políticas equivocadas do passado.

A política seguida pelos países asiáticos, nos anos 1970s e 1980s, especialmente no Japão, Coreia do Sul, Taiwan, Hong-Kong e Cingapura, é considerada superior à seguida na América Latina, na medida em que, através do estímulo a maior competitividade externa, foi capaz de resistir às crises da economia mundial, mantendo um crescimento econômico médio muito superior ao alcançado na América Latina.

A situação econômica mundial atual de grande crescimento econômico liderado por nações como China, Índia e Rússia e o grande aumento no preço da maioria dos produtos primários nos últimos anos, pode levar a um novo descrédito da tese Prebisch-Singer, num mundo caracterizado, cada vez mais, pela escassez dos recursos naturais e um previsível aumento cada vez maior de seus preços relativos.

6.5.5. Modelo dos Estágios de Desenvolvimento

O modelo dos estágios de desenvolvimento foi criado nos anos 1950s por W. W. Rostow (1916-2003), economista e historiador americano, em seu celebrado trabalho "The Stages of Growth" (1959), e defende a ideia de que a aceleração da acumulação de capital através do uso da poupança interna e externa levaria ao crescimento econômico e, assim, ao desenvolvimento econômico.

W.W. Rostow

De acordo com Rostow, os países precisam passar por cinco estágios consecutivos de desenvolvimento para alcançar o desenvolvimento econômico pleno:

- Sociedade tradicional;

- Pré-condições para a decolagem;

- Decolagem;

- Maturidade; e

- Idade do Elevado Consumo de Massa.

Sociedades Tradicionais: Sociedades caracterizadas pela ausência de qualquer conhecimento científico e guiadas pelo uso de crenças e superstições.

Pré-Condições Para a Decolagem: A sociedade começa a desenvolver uma certa cultura pró-educação, a formação de uma estrutura monetária rudimentar e de uma classe empresarial ainda pouco sofisticada.

Decolagem: O crescimento econômico surge como resultado de uma ação voltada para o desenvolvimento de princípios econômicos. Esse é um período de longa duração que preparará a economia para a maturidade. Essa fase era, para Rostow, fundamental para explicar o desenvolvimento econômico e só ocorreria se fossem verificadas quatro situações: 1) existência de infraestrutura mínima; 2) razoável desenvolvimento tecnológico; 3) poder político com mentalidade moderna; 4) aumento consistente da renda.

Maturidade: É consolidado um processo de diversificação da produção que leva à redução da pobreza e ao aumento dos níveis de bem-estar social.

Idade do Elevado Consumo de Massa: Estágio final do processo de desenvolvimento, caracterizado por elevado consumo de bens duráveis e por uma cesta de bens muito acima das necessidades básicas.

As críticas que se fazem a esse modelo são de que o mesmo assume como único o modelo de desenvolvimento capitalista ocidental e de que assume o desenvolvimento como um processo linear.

O modelo de desenvolvimento de Rostow situa-se numa linha de pensamento liberal, de livre mercado, ressaltando a importância do livre comércio e refuta os argumentos de Friedrich List (1789 - 1846) de que um país que se especializa na exportação de produtos primários será incapaz de diversificar sua produção. A abordagem de Rostow, contudo, dentro de uma perspectiva keynesiana, aceita a intervenção governamental como forma de atenuar os efeitos do ciclo econômico de curto prazo e promover o desenvolvimento econômico a longo prazo.

6.5.6. Teoria dos Dois Hiatos

A teoria dos dois hiatos, desenvolvida de forma pioneira por Hollis Chenery (1918 - 1994), afirma que o desenvolvimento dos países mais atrasados é dificultado pela existência de dois hiatos simultâneos: o hiato externo entre divisas estrangeiras, determinado pela diferença entre importação e exportação; e o hiato interno poupança-investimento.

Hollis Chenery

De acordo com essa teoria, os empréstimos externos assumem um papel fundamental na superação desses hiatos, equilibrando-os e tornando claro o papel das divisas estrangeiras facilitando as importações e os investimentos. A superação desses hiatos facilitaria a obtenção do desenvolvimento econômico.

6.5.7. Teoria da Dependência

A Teoria da Dependência é um conjunto de ideias que surgiu, nos anos 1950s e 1960s, como reação ao liberalismo econômico defendido pela corrente principal nos países desenvolvidos, particularmente nos Estados Unidos, sendo bastante popular ao longo dos anos 1960s e 1970s. Essa teoria foi fortemente influenciada pela Tese Prebisch-Singer.

A Teoria da Dependência foi desenvolvida na América Latina e tem entre seus expoentes Raul Prebisch (1901-1986), economista argentino, André Gunder Frank (1929-2005), economista alemão, Paul Baran (1910 - 1964) e Fernando Henrique Cardoso (1931-). Essa teoria afirma que, ao explicar o processo de desenvolvimento dos países menos desenvolvidos deve ser levado em conta o efeito do colonialismo sobre os mesmos, tais como o padrão de comércio, em que os países desenvolvidos exportam bens manufaturados de alto valor agregado e os países em desenvolvimento exportam matérias-primas de baixo valor agregado.

André Gunder Frank

As principais ideias dessa teoria são:

- As nações desenvolvidas apenas veem os países em desenvolvimento como fontes de mão de obra e de matérias-primas baratas, que, por sua exploração, acabam por se transformar na principal base da riqueza dos primeiros.

- Há uma tendência a perpetuar a dependência das nações menos desenvolvidas pelas nações mais desenvolvidas, em função dos níveis acentuados de diferença tecnológica e econômica, porque as nações menos desenvolvidas não podem tomar decisões autônomas de desenvolvimento, na medida em que estão integradas de maneira dependente na ordem mundial.

- Qualquer tentativa de romper esse "círculo vicioso da pobreza" será respondida por represálias econômicas, políticas e, até mesmo, militares.

Paul Baran

Assim, de acordo com essa teoria, o processo de desenvolvimento somente acentuará as desigualdades e a dependência dos países menos desenvolvidos em relação às antigas metrópoles coloniais.

A Teoria da Dependência, na linha da tese Prebish-Singer, divide os países em "Centro" (desenvolvido) e 'Periferia" (subdesenvolvida), em que é estabelecida uma relação de exploração dos segundos pelos primeiros. Essa teoria afirma que a pobreza dos países da periferia é o resultado do modo como ela se integra no sistema econômico mundial e o desenvolvimento econômico na periferia é visto como uma missão quase impossível de alcançar.

Fernando Henrique Cardoso

Os teóricos da Dependência defendem a implementação de políticas de industrialização comandadas pelo Estado, através do uso de subsídios e de proteção tarifária, além de limitações quantitativas às importações, controle do investimento estrangeiro e a nacionalização de setores considerados estratégicos. Como se vê, foram fortemente influenciados pelas ideias protecionistas de Friedrich List.

A principal crítica que se faz a essa teoria é que a mesma não é capaz de explicar o acentuado desenvolvimento econômico de alguns países em desenvolvimento, tais como Brasil, Coreia do Sul, Taiwan (Província chinesa), Cingapura, Malásia e, mais recentemente, China e Índia. Outros críticos argumentam que uma política de industrialização comandada pelo Estado leva a corrupção e a problemas de eficiência e competitividade. Uma outra crítica, a nível metodológico, argumenta que falta uma base científica a seus princípios, de acordo com o racionalismo crítico definido por Karl Popper (1902-1994).

K. Popper

Celso Furtado (1920-2004), foi um dos mais destacados economistas brasileiros e tentou explicar o subdesenvolvimento brasileiro utilizando-se da estrutura teórica "estruturalista" e "dependente" desenvolvida na chamada Escola da Cepal, onde trabalhou de 1949 a 1957, e que, ao contrário do que muitos pensam, era fortemente baseada na estrutura de pensamento de Friedrich List.

Furtado publica em 1959 seu mais importante livro "A Formação Econômica do Brasil" em que defende uma forte intervenção estatal como instrumento de desenvolvimento econômico.

Furtado estudou os diversos ciclos econômicos do Brasil (açúcar, gado, ouro e café), bem como os fenômenos históricos da escravatura, imigração, migração interna e industrialização por substituição de importações.

Celso Furtado

Furtado via a economia mundial como um processo em que coexistiam os chamados países centrais (Centro), desenvolvidos, industrializados, e países periféricos (Periferia), cuja economia era basicamente agrícola e exportadora de produtos primários e, portanto, condenados pela estrutura de sua realidade econômica.

Nessa visão, o subdesenvolvimento não era uma etapa do processo de desenvolvimento, mas sim uma espécie de condenação histórica em que estariam condenados ao subdesenvolvimento se não fossem capazes de definir políticas próprias de desenvolvimento com a ajuda do Estado que superasse sua industrialização dependente do Centro.

Os países latino-americanos eram caracterizados por um desenvolvimento desequilibrado, em que conviviam setores de subsistência e baixa produtividade e setores dinâmicos voltados para a exportação. Assim, com a necessidade de estimular as exportações e gerar as divisas necessárias para a importação de bens de capital necessárias à industrialização por substituição de importações, as desvalorizações cambiais sucessivas geravam inflação e forte desigualdade na distribuição de renda levando ao famoso círculo vicioso da pobreza.

6.5.8. Teoria dos Sistemas Mundiais

Essa teoria procura explicar a industrialização em alguns países menos desenvolvidos e tenta responder a algumas das críticas feitas à Teoria da Dependência, transformando a divisão de países em centro e periferia numa divisão trimodal de núcleo, seminúcleo e periferia. A semiperiferia se situa entre o núcleo e a periferia, explorando a periferia e sendo explorada pelo núcleo.

Os principais expoentes dessa teoria são Immanuel Walerstein (1930 -), que aprofunda a análise marxista contida na teoria da dependência, chamando-a "Sistema Mundial" e André Gunder Frank (1929-2005), também um dos expoentes da Teoria da Dependência. Todavia, outras contribuições importantes vieram de Samir Amin (1931-) e Giovanni Arrighi (1937 - 2009), entre outros.

Immanuel Wallerstein

O pressuposto de que a deterioração dos termos de troca e, assim, a exploração dos países pobres pelos países ricos, era o resultado de um desequilíbrio na estrutura do Sistema Mundial, levou Immanuel Wallerstein a utilizar-se de uma interpretação neomarxista da ordem internacional que estabelece uma divisão entre "centro" e "periferia" como a causa da desigualdade política e econômica entre nações.

De acordo com Wallerstein, a periferia e a semiperiferia são exploradas e mantidas em um estado de atraso pelos países desenvolvidos (núcleo), que se aproveitam da mão de obra e das matérias-primas baratas das nações mais atrasadas.

Karl Marx

André Gunder Frank (1929-2005), economista alemão, foi um dos fundadores da teoria da dependência e da teoria dos sistemas mundiais nos anos 1960s e que, não obstante tenha utilizado conceitos marxistas em sua análise, rejeitou a descrição de Karl Marx (1818 - 1883) dos estágios históricos. Como professor de Sociologia e Economia da Universidade do Chile, envolveu-se nas reformas propostas por Salvador Allende (1908-1973), presidente chileno de orientação socialista.

Suas teorias se concentram na ideia de que o poderio econômico a nível mundial de uma nação é fortemente determinado por circunstâncias históricas e geográficas. Também defendeu a ideia de que as estratégias centradas unicamente nas exportações criam desequilíbrios no processo de desenvolvimento das nações mais atrasadas. Sua contribuição à teoria dos sistemas mundiais foi defender duas ideias-chave: a formação do Sistema Mundial ocorreu há milhares de anos atrás e não no século XVI como defendeu Immanuel Wallerstein; e de que não faz sentido falar em múltiplos Sistemas Mundiais mas em apenas um Sistema.

6.5.9. Teoria da Mudança Estrutural

A teoria da mudança estrutural foi desenvolvida a partir dos trabalhos do Prêmio Nobel de Economia de 1979, William Arthur Lewis (1915-1991), "Two-Sector Surplus Model", e Hollis Chenery (1918-1994), "Patterns of Development".

William Arthur Lewis

O primeiro, um dos principais analistas do processo de desenvolvimento econômico a partir de uma análise dualista, vê as sociedades tradicionais agrárias (não capitalistas) fornecendo seu excedente de mão de obra para a industrialização e desenvolvimento do setor urbano moderno (capitalista) em que procura analisar o comércio internacional e a tendência à deterioração nos termos de troca dos países em desenvolvimento vis-à-vis os países industrializados; o segundo, é uma análise empírica do processo de transformação de uma economia subdesenvolvida em outra mais desenvolvida, através de uma profunda mudança estrutural que leva ao surgimento de novas indústrias e atividades que substituirão as atividades tradicionais, levando ao crescimento econômico e, assim, ao desenvolvimento econômico.

A principal contribuição de Lewis é a elaboração de dois modelos em que procura explicar os problemas enfrentados pelos países em desenvolvimento. O primeiro é um modelo de desenvolvimento dual, em que uma economia é constituída por dois setores: um, tradicional, com baixos salários e uma oferta ilimitada de mão de obra; outro, moderno, que concentra a maioria dos investimentos de capital, mas tem falta de mão de obra.

Os trabalhadores do setor tradicional migram para o setor urbano em busca de maiores salários. A concorrência leva os salários do setor moderno a se aproximarem dos níveis do setor tradicional, levando à geração de poupança e investimento que permitem o aumento sustentado da demanda, sem pressões salariais dada uma oferta de mão de obra infinitamente elástica, num círculo virtuoso de desenvolvimento econômico que leva ao acúmulo de lucros e à expansão do setor moderno. Como o setor rural é densamente povoado a apresenta uma produtividade muito baixa, a migração de mão de obra não provoca redução da oferta agrícola. A principal contribuição deste modelo é explicar porque em muitos países em desenvolvimento o crescimento econômico não leva ao aumento dos salários.

O segundo modelo de Lewis é um modelo dos termos de troca entre países desenvolvidos e países em desenvolvimento. Lewis demonstrou que os termos de troca são determinados pela produtividade relativa da mão de obra no setor tradicional, que é muito mais baixa nos países menos desenvolvidos, contribuindo para a deterioração dos termos de troca dos mesmos em favor dos países ricos.

Uma crítica a essa abordagem é sua excessiva ênfase no desenvolvimento urbano, negligenciando o desenvolvimento rural, o que levaria ao aprofundamento das desigualdades regionais. Outra é assumir que há um excedente de mão de obra rural que pode ser livremente reutilizado em atividades urbanas. Finalmente, que sua estrutura teórica não tem uma base metodológica consistente, na linha do racionalismo crítico defendido por Karl Popper.

6.5.10. Teoria das Vantagens do Atraso

A teoria das vantagens do atraso foi desenvolvida por Alexander Gerschenkron (1904-1978), economista e historiador russo, e preconiza que quanto maior for o grau de atraso relativo de uma economia ao início de um processo de desenvolvimento, mais provável será o surgimento de condições favoráveis ao mesmo.

Alexander Gerschenkron

A tese central da teoria é que, quanto maior o atraso da economia:

- Mais provável a canalização, por parte dos bancos e do Estado, do capital físico e humano para as indústrias;

- Maior será a ênfase na produção de bens de capital e menos na produção de bens de consumo;

- Maior será a ênfase na produção capital-intensiva e menor na produção trabalho-intensiva;

- Maior será a escala das empresas e da produção;

- Menor será o papel da agricultura no conjunto da economia; e

- Maior será a importância atribuída ao crescimento da produtividade.

De acordo com a análise de Gerschenkron, a grande vantagem de uma nação atrasada (por exemplo, o Japão e a Rússia na época), é que a mesma poderia pular várias fases do desenvolvimento e se aproveitar da mais avançada tecnologia para implantar, com vantagens em relação aos países mais desenvolvidos, uma política de desenvolvimento econômico e industrial.

A experiência de alguns países nas últimas décadas e sua rápida convergência para os níveis médios de desenvolvimento dos países mais desenvolvidos, daria respaldo a essa teoria, como é o caso de Japão, Coreia do Sul, Irlanda, Portugal e Espanha, que, aproveitando-se de um maciço programa de investimentos e modernização, lograram aproximar-se e, até mesmo, superar os níveis de alguns países ditos desenvolvidos.

6.5.11. Teoria do Crescimento Desequilibrado

Albert O. Hirschman (1915 - 2012), deu, como principal contribuição teórica, à Economia, na área do desenvolvimento econômico, o conceito de crescimento desequilibrado.

Albert O. Hirschman

O principal argumento era de que nas economias em desenvolvimento havia carência de habilidades na tomada de decisões. Assim, deveria ser estimulada a ajuda a determinados firmas, em certos setores industriais, principalmente aquelas que tivessem fortes ligações com outras empresas, gerando um forte impacto de encadeamento produtivo que contribuiria para o desenvolvimento econômico.

Hirschman era contrário ao uso, nos países em desenvolvimento, do que ele chamava de análise econômica tradicional, utilizada para explicar o processo econômico nos países desenvolvidos, dado que, para ele, cada país tem suas características e seus recursos próprios.

6.6. Abordagens Recentes ao Desenvolvimento Econômico e Humano

Nos anos 1990s, a partir dos trabalhos de Amartya Sen (1933-), economista indiano, Prêmio Nobel de Economia de 1998, novas abordagens foram introduzidas ao desenvolvimento econômico, colocando grande ênfase em variáveis como estabilidade política, ausência de barreiras ao comércio, sistemas judiciais justos, distribuição de renda (medida pelo Coeficiente de Gini), educação (elementar, secundária e superior), saúde (disponibilidade de serviços médicos, cuidados pré-natais), níveis de renda, acesso a água potável, infraestrutura econômica e social e tecnologia.

6.6.1. Desenvolvimento Humano

Sen ajudou a elaborar o IDH – Índice de Desenvolvimento Humano, das Nações Unidas, que publica a classificação dos países em uma variedade de indicadores econômico-sociais.

Esse conceito parte do princípio de que o investimento em Educação permite aos países se adaptarem às últimas tecnologias e criar um ambiente favorável a novas tecnologias.

A causa das disparidades na taxa de crescimento é vista como consequência da elevada taxa de aceleração da mudança tecnológica apenas num pequeno e seleto grupo de países.

6.6.2. Equilíbrio Social e Desenvolvimento Econômico

6.6.2.1. IPH – Índice de Pobreza Humana

Mede privação usando o percentual esperado de pessoas que morrerá antes de 40 anos, a percentagem de adultos analfabetos, a percentagem de pessoas sem acesso a serviço de saúde e água potável e o percentual de crianças subnutridas com menos de 5 anos.

6.6.3. Sustentabilidade e Desenvolvimento Econômico

6.6.3.1. IBES – Índice de Bem-Estar Econômico Sustentável

O IBES tem por objetivo substituir o PIB como um indicador de desenvolvimento, incluindo a distribuição da renda, o custo provocado pela poluição e outros custos não sustentáveis economicamente.

6.6.3.2. IPG – Indicador de Progresso Genuíno

O IPG é um indicador derivado de conceitos ecológicos e de bem-estar econômico que visa substituir o PIB como uma medida do crescimento econômico. O IPG contrapõe os benefícios do crescimento econômico com uma série de custos gerados por esse crescimento.

6.6.3.3. PIB Verde

O PIB Verde é um índice de crescimento econômico que mede as consequências, em termos econômicos, da perda de biodiversidade e dos impactos das alterações climáticas causados pela emissão de gases de efeito-estufa.

6.6.4. Felicidade e Desenvolvimento Econômico

6.6.4.1. IFNB – Índice de Felicidade Nacional Bruta

O IFNB é uma tentativa de medir a qualidade de vida comparativamente ao PIB tradicional, valorizando os valores espirituais em contraposição aos valores materiais.

6.6.4.2. IPF – Índice do Planeta Feliz

O IPF é um índice que mede o bem-estar humano e os impactos ambientais e que contesta outros índices como o PIB e o IDH, porque os últimos não levariam em conta medidas de sustentabilidade.

6.6.4.3. ISCV – Índice de Satisfação Com a Vida

O ISCV utiliza-se do conceito de felicidade ou satisfação com a vida, sendo muito utilizado em estudos nas áreas da Economia e da Sociologia.

6.7. Reflexões Sobre o Progresso e o Desenvolvimento Econômico

O desenvolvimento deve ser entendido em seu conceito mais amplo – não apenas o econômico -, envolvendo toda a ação humana e sua relação com o mundo que o rodeia e com a concepção de mundo que é intelectualmente capaz de formular.

O objetivo central do desenvolvimento deve ser alcançar claros e inequívocos progressos na eliminação ou, pelo menos, redução substancial da pobreza, na redução das desigualdades de renda, na criação de igualdade de oportunidades, na redução do desemprego, no aumento da segurança e na criação de condições efetivas para a felicidade e o progresso humanos.

A análise dos diferentes graus de desenvolvimento dos diferentes países do mundo é clara: poucos são os países que alcançaram um grau de desenvolvimento considerado aceitável. A grande maioria dos países ainda está longe de ser considerada desenvolvida.

O desenvolvimento não é algo que seja facilmente alcançável. Não depende apenas da vontade dos formuladores da política econômica. O desenvolvimento é um processo complexo e de longo prazo.

Por que o desenvolvimento não é um clube para muitos países? Exatamente porque sua complexidade demanda um conjunto de habilidades e valores que não estão disponíveis na maioria dos países.

O desenvolvimento abrange diversos aspectos: econômico, ambiental, social, político, tecnológico, militar e, principalmente, humano e moral. Analisaremos, em seguida, alguns desses aspectos.

6.7.1. O Aspecto Econômico

A existência de uma base material e econômica é uma condição fundamental para o desenvolvimento e o crescimento sustentado. A busca de riqueza é um dos caminhos que podem permitir às sociedades se desenvolverem mais. A base material e econômica inclui os recursos naturais, os investimentos em infraestrutura e os parques industriais. O conhecimento que pode ser transformado em bens e serviços de modo competitivo em escala mundial representa também uma base imaterial importante. Portanto, o crescimento econômico é apenas uma parte do desenvolvimento econômico.

6.7.2. O Aspecto Ambiental

O mundo acordou para a existência de um problema ambiental severo. Num mundo caracterizado pela escassez de recursos naturais, construir uma relação estável e equilibrada entre a Humanidade e a Natureza é fundamental. O consumo e o crescimento populacional excessivos exercem uma pressão irrefreável sobre os ecossistemas que, no limite, podem colocar em risco a própria existência da raça humana. A preservação dos recursos naturais ajuda a garantir um desenvolvimento sustentável, que é o que mais nos interessa.

6.7.3. O Aspecto Social

A existência de uma estrutura social equilibrada é uma condição fundamental para o desenvolvimento. Sociedades que cultuam uma melhor distribuição da riqueza são mais estáveis e tendem a ser mais desenvolvidas. Sociedades que são capazes de criar desafios comuns e de se irmanar em sua busca, criam raízes comuns e facilitam uma maior harmonia social.

6.7.4. O Aspecto Político

A existência de um sistema democrático pode ser vista como uma condição fundamental para o desenvolvimento. Numa sociedade democrática, em que os diferentes grupos sociais estejam representados politicamente e em que haja alternância de poder, ainda que possa criar certas instabilidades políticas, é mais provável que as políticas públicas alcancem uma maior parcela da população, reduzindo as desigualdades sociais.

6.7.5. O Aspecto Tecnológico

A existência de estruturas científicas e tecnológicas pode ser vista como uma condição fundamental para o desenvolvimento. Sociedades que são capazes de pensar o futuro do ponto de vista tecnológico são mais preparadas para enfrentar os desafios do desenvolvimento no presente. A criação de parques tecnológicos e de centros de pesquisa, a existência de universidades que possam passar o conhecimento mais atualizado para seus estudantes e criar conhecimento novo para o futuro, uma efetiva relação entre o conhecimento produzido nos centros de pesquisa e universidades e o mercado de bens e serviços, são fatores que podem viabilizar um efetivo desenvolvimento contribuindo para assegurar um nível adequado de competitividade internacional. A tecnologia tem importante papel na redução da escassez dos recursos naturais, ao dar-lhe um uso mais racional e eficiente.

6.7.6. O Aspecto Militar

Uma nação para criar um ambiente favorável ao desenvolvimento deve ser capaz de se defender de ameaças externas. Uma capacidade militar mínima é condição essencial para que a sociedade se sinta segura para viver, prosperar e se desenvolver.

6.7.7. O Aspecto Humano

A existência de um elevado nível de desenvolvimento humano pode ser vista como uma condição fundamental para o desenvolvimento a longo prazo. Investimentos em educação, saúde e conhecimentos permitem à sociedade encontrar com mais facilidade os caminhos do progresso material e espiritual, além de propiciar as condições necessárias à obtenção de um padrão de competitividade internacional. O desenvolvimento humano permite decodificar os segredos de um mundo em contínua mudança e transformação com benefícios para a Humanidade.

6.7.8. Os Princípios Morais

A existência de uma base moral que desestimule a corrupção dos governos e dos indivíduos e que estimule a boa convivência entre os indivíduos, pode ser vista como uma condição fundamental para o desenvolvimento. Sociedades que cultivam mais o valor da honestidade tendem a ser mais desenvolvidas, porque os recursos de uso comum do povo tendem a ser aplicados em seu próprio benefício e não em benefício de indivíduos ou de grupos. Os princípios morais exigem um pacto social em que cada cidadão se comprometa a segui-los para o bem comum.

Numa sociedade capitalista, aberta e pluralista é mais fácil transformar a arte e o engenho humanos em riqueza, pelo estímulo da busca por riqueza e prestígio social. A liberação da energia humana depende de estímulos, sejam eles sociais ou econômicos. E isso o capitalismo pode fazer.

Por outro lado, o capitalismo não tem mecanismos intrínsecos de equilíbrio social, pela existência de diferenças significativas na capacidade e na motivação humanas. Deixar o mercado funcionar livremente levará inexoravelmente à criação de diferentes classes sociais caracterizadas por diferentes padrões de conhecimento e riqueza.

Buscar um equilíbrio aceitável entre o mercado e a regulação do mercado para minimizar desigualdades sociais é o maior dos desafios da Ciência Econômica.

O capitalismo tem mecanismos intrínsecos de premiação do esforço individual e do risco assumido, mas não é capaz de pensar o bem comum numa escala minimamente aceitável.

O Estado tem a seu dispor instrumentos para intervenção no funcionamento do mercado, redistribuindo conhecimento e riqueza. Mas, como ponderar sua atuação é o seu maior desafio, principalmente porque a atuação política não costuma ser caracterizada pelo uso de princípios racionais, recorrendo, quase sempre a medidas de oportunismo político que esterilizam recursos naturais e humanos.

6.8. Limites ao Crescimento Econômico

O livro "Limits to Growth", de 1972, resultado de um amplo estudo patrocinado pelo Clube de Roma, mostra as consequências de um acelerado crescimento populacional mundial sobre os recursos naturais finitos e sobre o meio ambiente. O estudo simulou as consequências das diversas interações entre os seres humanos e o planeta Terra e levanta importantes questões que podem ser associadas às previsões de Thomas Malthus (1766 - 1834) em seu famoso e eventualmente profético trabalho "An Essay on the Principle of Population", de 1798.

Thomas Malthus

No trabalho original de 1972, cinco variáveis foram analisadas: população mundial, industrialização, poluição, produção de alimentos e uso de recursos naturais. A intenção dos autores foi determinar a possibilidade de se alcançar um padrão de sustentabilidade ao alterar as tendências de crescimento entre as cinco variáveis.

Em 2004, esse trabalho foi atualizado com o título "Limits to Growth: The 30-Year Update".

A questão central associada a esse debate é que o crescimento econômico requer o uso cada vez maior de recursos não renováveis do planeta, causando efeitos irreversíveis a todo o ecossistema planetário e, assim, haveria um limite ao crescimento econômico além do qual a Civilização Humana ficará em risco de extinção.

De acordo com esse trabalho, p. 4:

The signs are everywhere around us:
• Sea level has risen 10–20 cm since 1900. Most non-polar glaciers are retreating, and the extent and thickness of Arctic sea ice is decreasing in summer.
• In 1998 more than 45 percent of the globe's people had to live on incomes averaging $2 a day or less. Meanwhile, the richest one fifth of the world's population has 85 percent of the global GNP. And the gap between rich and poor is widening.
• In 2002, the Food and Agriculture Organization of the UN estimated that 75 percent of the world's oceanic fisheries were fished at or beyond capacity. The North Atlantic cod fishery, fished sustainably for hundreds of years, has collapsed, and the species may have been pushed to biological extinction.
• The first global assessment of soil loss, based on studies of hundreds of experts, found that 38 percent, or nearly 1.4 billion acres, of currently used agricultural land has been degraded.

• Fifty-four nations experienced declines in per capita GDP for more than a decade during the period 1990–2001.

These are symptoms of a world in overshoot, where we are drawing on the world's resources faster than they can be restored, and we are releasing wastes and pollutants faster than the Earth can absorb them or render them harmless. They are leading us toward global environmental and economic collapse—but there may still be time to address these problems and soften their impact."

Em português:

"Os sinais estão em toda parte à nossa volta:
• O nível do mar subiu 10-20 cm desde 1900. A maioria dos glaciares não polares está recuando, e a extensão da densidade do gelo do mar Ártico está diminuindo no verão.
• Em 1998 mais de 45 por cento da população do planeta vivia com renda média de US$ 2 por dia ou menos. Enquanto isso, os 20 por cento mais ricos da população mundial tinham 85 por cento do PNB global. E a diferença entre ricos e pobres está se ampliando.
• Em 2002, a Organização para a Alimentação e Agricultura da ONU estimou que 75 por cento dos estoques marinhos de peixe foram pescados a plena capacidade ou mesmo além. A pesca do bacalhau no Atlântico Norte, feita de modo sustentável durante séculos, entrou em colapso, e a espécie pode ter sido levada ao nível da extinção biológica.
• A primeira avaliação global da perda de solo, baseada em estudos de centenas de especialistas, encontrou que 38 por cento, ou aproximadamente 1,4 bilhão de acres, da terra presentemente utilizada foram degradados.
• 54 nações experimentaram declínio em seu PIB per capita por mais de uma década durante o período 1990-2001.
Estes são sintomas de um mundo superaquecido, em que retiramos recursos de um modo mais rápido do que pode ser restaurado, e nós estamos produzindo lixo e poluentes de modo mais rápido do que a capacidade da Terra em absorvê-los ou torná-los inofensivos. Esses sintomas estão nos levando em direção a um colapso ambiental e econômico global – mas pode ainda haver tempo para endereçar estes problemas e suavizar seus impactos."

Os anos 2000s representam um novo paradigma centrado no aprofundamento da globalização capitalista, num mundo econômico multipolar (Estados Unidos, União Europeia, Japão, Brasil, China, Índia, Rússia), na luta pela hegemonia tecnológica, na ascensão do valor das matérias-primas num mundo caracterizado por crescente escassez de recursos naturais, na necessidade de conciliar progresso econômico com a preservação do meio ambiente, na aceleração das desigualdades continentais, com destaque negativo para a África, que, com exceção de alguns poucos países, mergulha no abismo econômico e social.

Nesse contexto, estaria o mundo caminhando para um cenário catastrófico, na direção daquele apontado pelos estudos antes mencionados? A resposta é que ainda é cedo para dizer. Todavia, se nada for feito, se o modelo de desenvolvimento atual não for alterado para um modelo mais racional e sustentado no uso dos recursos naturais, no uso crescente de recursos renováveis, como energia renovável, no controle do crescimento populacional, no combate à desertificação das terras produtivas, num programa mundial de reflorestamento, na redução da geração de lixo e poluentes e na preservação dos mananciais da água e da vida marinha, então essa catástrofe será inevitável.

A lógica do assim-chamado "mercado" é que as economias e as empresas estão bem se produção, consumo e lucros crescem de modo sustentado a longo prazo. A estagnação ou a queda no crescimento dessas variáveis por um longo período são incompatíveis com essa lógica e levariam a crises sistêmicas, amplificadas pelos mecanismos de especulação dos mercados financeiros internacionais.

Por outro lado, os recursos planetários são finitos, ainda que, é óbvio, substancial quantidade de recursos naturais esteja por descobrir embaixo das florestas e embaixo dos oceanos (minerais, petróleo, gás, etc.).

Finalmente, sempre pode ser dito que, no futuro, assumindo crescimento tecnológico exponencial e sucessivas rupturas tecnológicas na área espacial, a exploração comercial de planetas, como Marte, poderia adiar por séculos ou mesmo milênios essa crise definitiva anunciada para a sociedade humana.

6.9. Indicadores de Progresso Humano, Social e Ambiental

6.9.1. Progresso Humano

Progresso humano, no sentido de desenvolvimento humano, pode ser visto como o processo de valorização dos aspectos não econômicos da vida humana. Assim, além dos fatores econômicos como renda, viver muito e com boa saúde e ter acesso a conhecimentos e a uma educação são elementos representativos do Progresso Humano.

6.9.1.1. IDH - ÍNDICE DE DESENVOLVIMENTO HUMANO

O IDH é uma medida do desenvolvimento humano que permite classificar os diversos países em três níveis:

1. Países desenvolvidos;
2. Países em desenvolvimento;
3. Países subdesenvolvidos.

O IDH foi desenvolvido, em 1990, pelos economistas Mahbub ul Haq (1934-1998) e Amartya Sen e começou a ser utilizado em 1993 pelo PNUD –

Programa das Nações Unidas para o Desenvolvimento na preparação de seu relatório anual.

A partir do Relatório de Desenvolvimento Humano de 2010, o PNUD começou a utilizar uma nova metodologia para calcular o IDH.

O IDH mede o desempenho médio de um país em três dimensões:

1. Uma vida longa e saudável – medida pela expectativa de vida ao nascer;
2. Conhecimento – medido por um índice de educação que inclui um índice de anos médios de estudo e um índice de anos esperados de escolaridade; e
3. Um padrão de vida decente, medido pela RNB per capita (PPP US$).

Indicadores que compõem o IDH:

1. Expectativa de vida ao nascer;
2. Anos médios de estudo;
3. Anos esperados de escolaridade; e
4. Renda Nacional per capita (PPP US$).

Antes de o IDH ser calculado, é necessário criar um índice para cada uma dessas três dimensões, de acordo com a seguinte fórmula:

$$\text{Índice de Dimensão} = \frac{\text{Valor do País} - \text{Valor Mínimo}}{\text{Valor Máximo} - \text{Valor Mínimo}}$$

O IDH é então calculado como uma média simples dos índices de dimensão.

Fórmula do IDH utilizada em 2010:

O IDH é a média geométrica de três índices de dimensão:

$$IDH = (IEV^{\frac{1}{3}} \times IE^{\frac{1}{3}} \times IRN^{\frac{1}{3}})$$

Onde:

IEV = Índice de Expectativa de Vida;

$$IEV = \frac{EV - 20}{83,2 - 20}$$

IE = Índice de Educação;

$$IE = \frac{\sqrt[2]{IAME \ x \ IAEE} \ - \ 0}{0,951 \ - \ 0}$$

IAME = Índice de Anos Médios de Estudo;

$$IAME = \frac{AME \ - \ 0}{13,2 \ - \ 0}$$

IAEE = Índice de Anos Esperados de Escolaridade;

$$IAEE = \frac{AEE \ - \ 0}{20,6 \ - \ 0}$$

IRN = Índice de Renda Nacional per capita (PPC);

$$IRN = \frac{\ln\left(RBN_{pc}\right) \ - \ \ln(163)}{\ln(108.211) \ - \ \ln(163)}$$

Metas utilizadas no cálculo do IDH em 2011:

INDICADOR	VALOR MÁXIMO OBSERVADO	VALOR MÍNIMO
Expectativa de vida ao nascer (anos)	83,4 (Japão)	20
Média de anos de escolaridade	13,1 (República Tcheca)	0
Expectativa de anos de escolarização	18,0	0
Renda Nacional per capita (PPP US$)	107,7 (Catar)	100

6.9.1.1.1. Avaliando o IDH

O IDH tem três grupos de países: países de baixo desenvolvimento humano, países de médio desenvolvimento humano e países de alto desenvolvimento humano. No Relatório de Desenvolvimento Humano de 2018, dentre 178 países, os países de baixo desenvolvimento humano foram classificados num intervalo entre 0,452 (pior índice, apresentado pelo Yemen) e 0,546 (índice apresentado pelas Ilhas Salomão). Os países de desenvolvimento humano médio foram classificados num intervalo entre 0,556 (Camarões) e 0,699 (Filipinas). Finalmente, os países de alto desenvolvimento humano foram classificados num intervalo entre 0,700 (Moldávia) e 0,953 (Noruega, país de mais alto elevado desenvolvimento humano).

6.9.1.1.2. Críticas ao IDH- Índice de Desenvolvimento Humano

Da mesma forma que o PIB per capita recebeu muitas críticas como medida de crescimento econômico, o IDH também não tem estado imune a críticas. A única crítica que julgamos procedente é a de que O IDH não utiliza qualquer indicador que meça os impactos das políticas de desenvolvimento sobre o meio ambiente.

6.9.1.2. IPH – Índice de Pobreza Humana

O IPH, desenvolvido pelas Nações Unidas, é um indicador do padrão de vida de um país e que reflete o grau de privação média da sociedade nas três dimensões utilizadas pelo IDH:

- Uma vida longa e saudável;

- Conhecimentos; e

- Um padrão de vida decente.

Existem dois índices, um para os países em desenvolvimento e outro para os países desenvolvidos. A fórmula para calcular o IPH para os <u>países em desenvolvimento</u> é:

$$IPH_1 = \left[\frac{1}{3}\left(p_1^{\partial} + p_2^{\partial} + p_3^{\partial}\right)\right]^{\frac{1}{\partial}}$$

Onde:

P_1=Probabilidade ao nascer de não sobreviver até a idade de 40 anos (multiplicado por 100);
P_2=Taxa de analfabetismo adulta;
P_3=Média não ponderada da população sem acesso a água potável e crianças abaixo do peso para sua idade;
α=3.

A fórmula para calcular o IPH para os <u>países desenvolvidos</u> é:

$$IPH_2 = \left[\frac{1}{4}\left(p_1^{\partial} + p_2^{\partial} + p_3^{\partial} + p_4^{\partial}\right)\right]^{\frac{1}{\partial}}$$

Onde:

P_1= Probabilidade ao nascer de não sobreviver até a idade de 60 anos (multiplicado por 100);
P_2= Adultos analfabetos funcionais;
P_3= População abaixo da linha de pobreza (50% da renda disponível média ajustada das famílias);
P_4= Taxa de desemprego de longo prazo (últimos 12 meses ou mais);
∂=3.

6.9.2. Progresso Social

6.9.2.1. Índice de Progresso Social - IPS

Calculado pela organização "Social Progress Imperative", com o pressuposto de que o crescimento econômico é importante, mas não é suficiente para explicar o progresso social, o IPS – Índice de Progresso Social ("Social Progress Index") é um indicador que define progresso social como "a capacidade de uma sociedade alcançar as necessidades humanas básicas de seus cidadãos, estabelecendo as fundações que permitem aos cidadãos e comunidades alcançar e manter a qualidade de suas vidas, e criar condições para todos os indivíduos alcançarem seu pleno potencial".

O IPS tem três dimensões: 1) Necessidades Humanas Básicas (Nutrição e Cuidados Médicos Básicos, Água e Saneamento, Moradia e Segurança); 2) Fundações do Bem-Estar (Acesso a Conhecimento Básico, Acesso à Informação e Comunicação, Saúde e Bem-Estar, Qualidade do Meio Ambiente); e 3) Oportunidade (Direitos Pessoais, Liberdade Individual e Escolha, Tolerância e Inclusão, Acesso a Educação Superior).

Juntos, ao ver dos formuladores do IPS, este conjunto de fatores representa os elementos primários que produzem um dado nível de progresso social, a partir do uso de indicadores do desempenho de cada nação, diferente de outros indicadores como PIB per capita, IDH ou Índice de Vida Melhor ("OECD Better Life Index").

Em resumo, o IPS tem como principal escolha metodológica:

- Foco em dimensões não econômicas do desempenho nacional;
- Uma abordagem de medida baseada em indicadores prospectivos, ao invés de medidas correntes;
- Uma estrutura holística consistindo de três dimensões amplas do progresso social, cada qual sendo a soma de quatro componentes com a mesma ponderação; e
- O cálculo de cada componente é a soma ponderada de uma série de medidas, sendo os pesos determinados através da análise de componentes principais.

6.9.2.2. IVM - Índice de Vida Melhor – OCDE

O Índice de Vida Melhor – OCDE é um índice de qualidade de vida calculado pela OCDE – Organização para a Cooperação e o Desenvolvimento Econômico, a partir de 11 (onze) indicadores principais (dimensões da vida) que utilizam 25 (vinte e cinco) indicadores. O bem-estar é visto como um conceito multidimensional e esse índice assume que um melhor entendimento do bem-estar dos indivíduos é fundamental para desenvolver melhores políticas visando melhorar a vida das pessoas.

Indicadores (Dimensões da Vida) do IVM:

- Habitação (domicílios sem instalações básicas, gastos com habitação e quartos por pessoa);
- Renda (renda disponível líquida por família, saúde financeira líquida por família);
- Emprego (insegurança do mercado de trabalho, taxa de desemprego, taxa de desemprego de longo prazo, renda pessoal);
- Comunidade (qualidade da rede de suporte);
- Educação (resultado educacional, habilidade dos estudantes e anos de escolaridade);
- Meio Ambiente (poluição do ar e qualidade da água);
- Engajamento Cívico (envolvimento das partes interessadas no desenvolvimento de regulação apropriada e participação nas eleições);
- Saúde (expectativa de vida e saúde declarada);
- Satisfação Com a Vida (satisfação com a vida);
- Segurança (sentimento de segurança sozinho à noite); e
- Balanço Vida-Trabalho (trabalhadores trabalhando em demasia, tempo dedicado a lazer e cuidados pessoais).

6.9.3. Progresso Ambiental

6.9.3.1. IBES – Índice de Bem-Estar Econômico Sustentável

O IBES tem por objetivo substituir o PIB como um indicador de desenvolvimento, incluindo a distribuição da renda, o custo provocado pela poluição e outros custos não sustentáveis economicamente.

A fórmula do IBES é:

IBES = Consumo Pessoal + Gastos Públicos não relacionados com segurança – Gastos Privados relacionados com segurança + Formação de Capital + Serviços com trabalho doméstico – Custos da Degradação Ambiental – Depreciação do Capital Natural.

6.9.4. Outros Indicadores

6.9.4.1. IPG – Indicador de Progresso Genuíno

O IPG é um indicador derivado de conceitos ecológicos e de bem-estar econômico que visa substituir o PIB como uma medida do crescimento econômico. O IPG contrapõe os benefícios do crescimento econômico com uma série de custos gerados por esse crescimento, tais como:

- Custo da exaustão dos recursos;
- Custo do crime;
- Custo da destruição da camada de ozônio;
- Custo de rupturas familiares;
- Custo da poluição sonora, do ar e da água;
- Perda da área agrícola; e
- Perda dos mananciais de água.

6.9.4.2. IFNB – Índice de Felicidade Nacional Bruta

O IFNB é uma tentativa de medir a qualidade de vida comparativamente ao PIB tradicional, valorizando os valores espirituais em contraposição aos valores materiais.

6.9.4.3. IPF – Índice do Planeta Feliz

O IPF é um índice que mede o bem-estar humano e os impactos ambientais e que contesta outros índices como o PIB e o IDH, porque os últimos não levariam em conta medidas de sustentabilidade.

6.9.4.4. ISCV – Índice de Satisfação Com a Vida

O ISCV utiliza-se do conceito de felicidade ou satisfação com a vida, sendo muito utilizado em estudos nas áreas da Economia e da Sociologia.

6.9.4.5. PIB Verde

O PIB Verde é um índice de crescimento econômico que mede as consequências, em termos econômicos, da perda de biodiversidade e dos impactos das alterações climáticas causados pela emissão de gases de efeito-estufa.

6.9.5. Visão Filosófica Sobre a Felicidade

Anício Boécio (480-524), filósofo romano de múltiplas habilidades, foi um dos fundadores da Escolástica. Traduziu importantes obras dos clássicos gregos, procurando preservar o conhecimento ocidental. Acusado de traição, foi condenado à morte. Enquanto a aguardava, escreveu sua mais importante obra: "De Consolatione Philosophiaes" ("A Consolação da Filosofia"), na qual aborda o conceito de eternidade e em que pretende demonstrar que a verdadeira fonte de felicidade humana é o amor de Deus. É considerado um dos mártires da Igreja Católica.

Para os Estoicos o fim principal do homem é a felicidade. A virtude é o único bem e a felicidade consiste exclusivamente na virtude. No Império Romano, o estoicismo tornou-se a religião das classes dominantes. Para os estoicos, dado que basta a virtude para alcançar a felicidade, os sábios não sofreriam o infortúnio da vida.

Estoicismo é a doutrina filosófica fundada por Zenão de Cítio, em Atenas, no início do século III a.C. e que assume que o fim principal do homem é a felicidade, que a virtude é o único bem e que a felicidade consiste exclusivamente na virtude.

Em 1516 Thomas Morus (1478-1535) publica "Utopia". Essa obra retrata um país imaginário, um Estado ideal, onde toda a propriedade seria coletiva e não existiriam classes sociais, onde um governo organizado cria condições de vida excelentes para um povo que vive em equilíbrio e felicidade, uma espécie de sociedade comunitária.

O Utilitarismo é uma concepção filosófica sobre a doutrina moral acerca do comportamento, das motivações e das ações dos seres humanos na busca egoística do prazer individual, cuja consequência será a obtenção da felicidade para o maior número de indivíduos, na medida em que os interesses individuais acabam por beneficiar a toda a coletividade. O utilitarismo pressupõe a utilidade como o valor máximo. O utilitarismo tem exercido uma profunda influência na história do pensamento econômico. John Stuart Mill (1806-1873) e Jeremy Bentham (1748-1832) principais pensadores utilitaristas, postularam ser o estudo do comportamento hedonista do indivíduo em sociedade a fonte primária da construção científica da economia:

John Stuart Mill (1806-1873)

"A natureza colocou o gênero humano sob o domínio de dois senhores: a dor e o prazer. Somente a eles compete apontar o que devemos fazer, bem como determinar o que na realidade faremos (...). Os dois senhores de que falamos nos governam em tudo o que fazemos, em tudo o que dizemos, em tudo o que pensamos (...)".
Bentham, J. Uma Introdução aos Princípios da Moral e da Legislação. SP: Abril Cultural, 1974, p. 9.

Jean Jacques Rousseau (1712-1778) foi um dos mais importantes pensadores iluministas. Suas principais obras são *"Discursos Sobre a Origem e os Fundamentos da Desigualdade Entre os Homens"*; e *"Contrato Social"*. Na primeira, criticou a propriedade privada que, a seu ver, gerava a infelicidade humana. O aparecimento da propriedade privada arrancaria o homem de seu "doce contato com a natureza" e acabaria por gerar desigualdades entre os homens. Rousseau defendia a existência de uma sociedade formada por pequenos produtores independentes entre si. Contudo, foi na obra intitulada "Contrato Social" que Rousseau concebeu a ideia de que a soberania reside no povo, colocando em segundo plano o direito individual e privilegiando a vontade da maioria expressa pelo sufrágio universal. O Estado, como representante dessa maioria sufragada pelo voto, deveria ter todo o poder, ao ver de Rousseau.

Jean-Jacques Rousseau

De acordo com John Locke (1632-1704), um dos pais do empirismo inglês e pai do Liberalismo, a finalidade da política é a busca da felicidade do homem, que busca a paz, a harmonia e a segurança. Os homens abandonaram seu estado natural criando a sociedade civil de modo a garantir a propriedade privada. Para Locke, o poder deve ser concentrado nas mãos do Poder Legislativo, que é o poder representativo da sociedade, sendo o absolutismo político, ao ver de Locke, um fenômeno antinatural. Locke defende a propriedade privada e o Estado burguês, afirmando o individualismo, a tolerância e a liberdade religiosa, bases necessárias para o progresso econômico e científico que acabaria por ser gerado.

John Locke

7. O Problema da Informalidade

Um dos fenômenos mais importantes, principalmente nas economias em desenvolvimento, nas últimas décadas, é o crescimento da chamada Economia Informal.

7.1. Definição de Economia Formal e de Economia Informal

Economia formal é o conjunto de atividades econômicas com registro formal e legal de empregados e o recolhimento regular dos tributos (impostos, taxas e contribuições) exigidos pelas legislações tributária e trabalhista.

Por sua vez, economia informal é o conjunto de atividades econômicas sem registro formal e legal de empregados e/ou o recolhimento regular dos tributos exigidos pela legislações tributária, previdenciária e trabalhista (impostos, taxas e contribuições), abrangendo qualquer tipo de atividade econômica como indústria, comércio, pequeno artesanato, serviços de vigia de estacionamento e de segurança) e as atividades consideradas ilegais (sonegação, contrabando, tráfico de armas e drogas, lavagem de dinheiro).

7.2. Informalidade e Legislação

Como se vê pelas definições acima, há uma forte relação entre o conceito de informalidade e as legislações tributária e trabalhista. Podemos definir Legislação Trabalhista no Brasil como o conjunto de normas jurídicas que regulam as relações entre empregados e empregadores, compreendendo a Constituição Federal, a CLT – Consolidação das Leis do Trabalho, bem como o conjunto da legislação ordinária que versa sobre a matéria.

A legislação trabalhista, ao fixar direitos e obrigações, cria certos custos trabalhistas e de previdência social, que podem inviabilizar muitas empresas, principalmente as pequenas e micro, que não conseguem pagar esses custos e ainda sobreviver. Assim, muitas empresas e muitos trabalhadores recorrem à informalidade, evitando incorrer nos custos impostos pela legislação trabalhista. A legislação trabalhista e os custos trabalhistas no Brasil são muito mais rígidos do que em vários outros países, como, por exemplo, a China. O custo trabalhista no Brasil representa, aproximadamente, 103% a mais do salário, em média.

A legislação que regula as relações de trabalho no País (CLT – Consolidação das Leis do trabalho) pode reverter o processo de crescimento da informalidade da economia, reduzindo as exigências legais impostas à contratação de empregados pelo mercado formal, o que reduziria os custos trabalhistas e estimularia as empresas a contratar trabalhadores com todos os direitos e deveres legais. No sentido mais amplo, a solução para o problema da informalidade seria reduzir a burocracia estatal, baixar os custos trabalhistas e de previdência social, acelerar o crescimento da economia e criar programas de formação da mão de obra que permitam a inserção dos trabalhadores no mercado formal da economia, aumentando sua produtividade.

A legislação tributária, ao exigir uma série de tributos das empresas, também contribui para o aumento da informalidade, tornando muito difícil – senão impossível – o funcionamento de muitas empresas.

Nesse sentido, ao simplificar o funcionamento das micro e pequenas empresas e a redução dos custos desse funcionamento e do pagamento de tributos e da contratação de mão de obra, a legislação referente às micro e pequenas empresas, por exemplo, contribui para a redução da informalidade da economia.

7.3. Implicações Negativas da Informalidade

A informalidade gera uma série de efeitos negativos sobre a economia, a saber:

7.3.1. Tamanho da Informalidade: As estatísticas quanto ao tamanho do setor informal variam, mas estima-se que ele represente entre 20% e 50% do setor formal. Assim, o PIB formal não reflete o verdadeiro tamanho da economia real, havendo uma dificuldade estatística de se determinar o verdadeiro valor do PIB quando se observa uma excessiva informalidade.

7.3.2. Crescimento das Atividades Ilegais e Criminosas: Ao funcionar fora do circuito formal e legal, a informalidade pode abrir caminho às atividades ilegais, que operam na sombra de outras atividades menos danosas para a sociedade, atraindo indivíduos que, em troca de uma maior remuneração, resolvem assumir os riscos dessas atividades.

7.3.3. **Redução da Competitividade das Empresas Formais:** A informalidade pode afetar a competitividade entre empresas, na medida em que uma empresa que não paga seus impostos e seus custos trabalhistas fica em vantagem em relação a outras empresas que o façam, na medida em que pode vender mais barato e reduzir a concorrência aumentando seus lucros no longo prazo. A sonegação por parte de uma ou mais empresas reduz o seu custo vis-à-vis os seus concorrentes, afetando a competitividade das empresas que pagam corretamente seus tributos, constituindo-se numa vantagem desleal e ilegal. O comércio informal é o meio pelo qual a indústria da pirataria dá vazão a sua produção. A informalidade estimula a sonegação e a queda da arrecadação tributária. A sonegação altera os preços relativos, prejudicando as empresas que efetuam os pagamentos dos impostos e encargos regularmente.

7.3.4. **Alterações no Equilíbrio Atuarial da Previdência:** A informalidade, ao não contribuir para a arrecadação tributária e de previdência social, pode, dependendo da dimensão da sonegação desses tributos, afetar negativamente a oferta de serviços públicos e o equilíbrio atuarial da previdência social, na medida em que o governo não terá recursos para financiar a oferta de seus serviços públicos e a previdência social a longo prazo. O sistema de seguridade social deixa de receber as contribuições dos trabalhadores que ingressam no mercado informal, bem como a contrapartida das empresas, colocando em risco o equilíbrio atuarial do sistema a longo prazo. Para o país, a diminuição da formalidade traz problemas como a queda nas contribuições para a previdência, gerando um aumento do déficit da previdência, provocado pela concessão de benefícios mínimos (por exemplo, salário mínimo ao aposentado rural) sem a correspondente receita.

7.4. Implicações Positivas da Informalidade

A informalidade também é capaz de gerar alguns efeitos positivos sobre a economia, a saber:

7.4.1. **Maior Equilíbrio Social:** Ao absorver mão de obra não integrada no mercado formal, a informalidade contribui para a redução das tensões sociais, na medida em que é um fator gerador de renda e de emprego para os trabalhadores de renda média e baixa.

7.4.2. **Crescimento da Demanda na Economia Formal:** Há uma inevitável relação entre os setores formal e informal da economia, por via da demanda dos trabalhadores (consumo de bens e serviços). Assim, o aumento do tamanho do setor informal não necessariamente retarda o crescimento econômico do país. Por outro lado, se esse crescimento do setor informal for o resultado do pouco dinamismo da economia formal, de sua falta de competitividade internacional e do pouco preparo dos trabalhadores, sem dúvida, leva à estagnação econômica.

7.4.3. Escola de Empreendedores: A informalidade é uma espécie de escola para futuros empresários que aprendem a sobreviver numa situação extrema, podendo gerar empreendedores que contribuem para o progresso da economia no futuro (Exemplo: o empresário Sílvio Santos, no Brasil).

O que leva um trabalhador a buscar a informalidade é não encontrar no mercado formal oportunidades de emprego ou trabalho que satisfaçam suas necessidades de sobrevivência e/ou ambições pessoais, quanto a renda e/ou satisfação pessoal no trabalho. Por outro lado, a expansão do mercado informal pode ser considerada um fenômeno típico das economias desequilibradas. A ineficiência do sistema estatal, caracterizado pela cobrança excessiva de tributos, pela burocracia e pela corrupção, faz com que a vida dentro das regras formais e legais, através do pagamento correto de tributos e respeito aos direitos individuais e sociais do cidadão, torne-se inviável, estimulando, dessa maneira, o surgimento de práticas que apesar de não cumprirem o que determina a ordem jurídica, garantem condições mínimas de sobrevivência a muitos cidadãos, funcionando como uma espécie de "freio" capaz de evitar o colapso social.

O aumento do emprego e da atividade informais tem um impacto ambíguo sobre a renda nacional, uma vez que:

- Reduz o valor da renda nacional formal, caso os trabalhadores troquem o mercado formal pelo mercado informal;
- Aumenta a renda nacional formal, pelo efeito positivo dos gastos dos trabalhadores no mercado formal que estavam desempregados e ingressaram no mercado informal.

8.1. Defina crescimento econômico.

8.2. Qual é a medida-padrão do crescimento econômico? Que críticas são feitas à utilização dessa medida como um indicador do bem-estar social?

8.3. Cite alguns modelos de crescimento econômico.

8.4. Qual é a principal crítica que se faz aos modelos de crescimento econômico?

8.5. Quais são as principais variáveis explicativas do crescimento econômico?

8.6. Defina desenvolvimento econômico e desenvolvimento sustentável.

8.7. Quais são as principais teorias do desenvolvimento econômico?

8.8. Quais são os temas principais das abordagens recentes ao problema do desenvolvimento econômico?

8.9. Quais são os limites ao desenvolvimento econômico?

8.10. Que relação pode ser traçada entre a Lei da População de Malthus e o desenvolvimento econômico?

8.11. Quais são os principais indicadores de desenvolvimento econômico?

8.12. Como pode ser avaliado o IDH – Índice de Desenvolvimento Humano, em termos do grau de desenvolvimento de determinado País?

8.13. Defina economia formal e economia informal.

8.14. Que relação você pode traçar entre a legislação e a economia informal?

8.15. Cite algumas implicações positivas da informalidade.

8.16. Cite algumas implicações negativas da informalidade.

8.17. Quais princípios da ordem econômica nacional podem ser relacionados com o desenvolvimento econômico (Art. 170, CF)?

8.18. Quais são os objetivos fundamentais da República Federativa do Brasil (Art. 3º, CF)?

8.19. A quem compete elaborar e executar os planos nacionais de desenvolvimento econômico e social (Art. 21, CF)?

8.20. De quem é a competência para combater as causas da pobreza e os fatores de marginalização, promovendo a integração social dos setores desfavorecidos (Art. 23, X)?

8.21. Quem executa a política de desenvolvimento urbano e qual é seu objetivo (Art. 182, CF)?

8.22. Quem aprova o plano diretor e qual é sua função (Art. 182, § 1º, CF)?

10.23. Quando a propriedade urbana cumpre sua função social (Art. 182, § 2º, CF)?

8.24. Quando a propriedade rural cumpre sua função social (Art. 186, CF)?

8.25. Como a Constituição Federal define a ordem social (Art. 193, CF)?

8.26. Quem tem direito à saúde e qual é o dever do Estado nessa matéria (Art. 196, CF)?

8.27. Como a Constituição Federal incentiva o mercado interno (Art. 219, CF)?

8.28. De quem é a competência para proporcionar meios de acesso à educação, cultura e ciência (Art. 23, V, CF)?

8.29. De quem é a competência para legislar concorrentemente sobre educação, cultura, ensino e desporto (Art. 24, IX, CF)?

8.30. O ensino no Brasil será ministrado de acordo com quais princípios (Art. 206, CF)?

8.31. Como será planejada e executada a política agrícola no Brasil (Art. 187, CF)?

9.POLÍTICAS ECONÔMICO-SOCIAIS: Desigualdades Sociais - Causas e Consequências

Fiat Panis: "Que haja pão!".

9.1.   Introdução

O objetivo desta seção é, inicialmente, definir socioeconomia. Posteriormente, definiremos políticas econômico-sociais, discutiremos o papel do Estado numa economia moderna, as principais características da lei que definiu as parcerias público-privadas no Brasil, os principais entraves ao desenvolvimento econômico, os principais indicadores econômico-sociais, as principais medidas de distribuição de renda, a análise comparativa do desempenho econômico-social do Brasil vis-à-vis outros países, analisamos alguns dos principais problemas do Brasil e, ao final, apresentaremos a base legal brasileira relativa ao trabalho e exercícios propostos.

9.2. Socioeconomia

Socioeconomia é um novo campo multidisciplinar de pesquisa envolvendo conceitos relacionados com a Economia, Sociologia, História, Psicologia, Direito e Ciência Política, que relaciona as questões ligadas à Ciência Econômica com as grandes questões sociais e políticas.

A Socioeconomia se preocupa, em particular, com as implicações sociais e políticas das mudanças econômicas, num mundo globalizado e em permanente transformação, com alterações no comportamento humano devido ao surgimento de novos meios de produção, novos bens de consumo, alterações no meio ambiente e na ecologia e um novo papel das mulheres e das minorias na sociedade.

9.3. Políticas Econômico-Sociais

Políticas econômico-sociais são as políticas que, sem deixar de se preocupar com os aspectos econômicos, tais como eficiência e racionalidade na aplicação dos recursos escassos, procuram aplicar os recursos públicos na melhoria das condições de vida da população, em particular a mais carente, com grande preocupação quanto à justiça e equidade na distribuição da renda, visando minorar os efeitos da pobreza, da miséria e da exclusão social sobre a qualidade de vida das pessoas.

9.4. O Papel do Estado

O Estado moderno tem um papel fundamental na elaboração e na aplicação das políticas econômico-sociais, podendo assumir um papel importante na sociedade em quatro aspectos:

9.4.1.   Papel regulador, definindo as regras de convívio social e das leis e aplicando as penalidades a quem não as cumpra. Esse papel define os contornos do que pode ser chamado de "Pacto Social".

9.4.2.   Papel participativo na produção, atuando em setores considerados estratégicos e onde o setor privado não queira ou não possa entrar como, por exemplo, infraestrutura econômica.

9.4.3.   Papel de fornecedor dos bens públicos, tais como saúde, educação, segurança, justiça, defesa nacional, transporte, saneamento básico e previdência social.

9.4.4.   Papel Distributivo, através de políticas tributárias (tributos progressivos), fiscais (transferências e subsídios aos mais carentes) e sociais (assistência social), visando melhorar a distribuição de renda.

9.5. Investimentos em Infraestrutura

Infraestrutura é o conjunto de obras públicas ou privadas, nos sistemas de transportes (portos, aeroportos, rodovias, transporte aéreo, transporte fluvial, transporte marítimo, metrô, transporte ferroviário), energia (elétrica, nuclear, eólica, à base de petróleo e gás, à base de biomassa e à base da força das marés), telecomunicações, urbanização e saneamento básico a serem implementadas numa determinada região ou nação, com objetivo de oferecer à população condições de pleno desenvolvimento socioeconômico.

A falta de investimentos em infraestrutura constitui-se num sério problema para um país que almeja alcançar o pleno desenvolvimento econômico, na medida em que esses investimentos são estratégicos para melhorar a competitividade das empresas e a qualidade de vida dos indivíduos, contribuindo para alcançar, a longo prazo, o desenvolvimento sustentado.

9.5.1. Principais Problemas

Os principais problemas de infraestrutura no país, atualmente, são uma rede de transportes deficiente, que aumenta o desperdício e o custo do transporte de mercadorias, um setor energético que precisa continuar investindo para evitar o racionamento de energia no futuro, e um sistema de saneamento básico (água e esgoto), que está abandonado e apresentando grandes problemas de financiamento público e que necessita de grandes investimentos em todo o país.

9.6. Entraves ao Desenvolvimento Econômico e Social

Os principais entraves sociais ao desenvolvimento econômico são a baixa qualificação dos trabalhadores, a existência de condições sanitárias e de saneamento básico desumanas e degradantes em muitas regiões do país, a existência de doenças graves e que atingem grande parte da população, a má distribuição de renda e a violência que assola sociedades de baixo desenvolvimento. Analisaremos, em seguida, cada um desses entraves.

9.6.1. Baixa Qualificação dos Trabalhadores

A baixa qualificação dos trabalhadores é um entrave social ao desenvolvimento econômico, na medida em que uma população deficientemente educada e treinada não está preparada para lidar com os desafios do mundo moderno e com as novas tecnologias, não contribuindo para o aumento da competitividade e da eficiência da economia nacional.

O investimento em educação aumenta a competitividade da economia, que é um dos principais fatores do desenvolvimento econômico e social. A mão de obra qualificada é mais produtiva, por agregar mais valor aos produtos e serviços produzidos, aumentando a competitividade das empresas e da economia pela redução dos custos médios e vice-versa.

O investimento em educação é especial, no sentido de que representa mais do que colocar as pesssoas (crianças e adultos) na escola. A educação representa um processo de construção do conhecimento, de sua transmissão de geração a geração e de sua utilização na construção de uma sociedade mais sábia, mais culta e mais progressista.

É preciso, no entanto, ser dito que o problema da educação no Brasil não é apenas de falta de recursos. Não obstante o Brasil tenha gastado, em 2012-2017, como proporção do PIB, mais do que a Coreia do Sul (5,9% contra 5,1%), apenas 32 em cada 100 terminam o segundo grau, enquanto que 97 em cada 100 coreanos atingem esse grau de escolaridade. Na verdade, o Brasil gasta mais do que Austrália (5,2%), Suíça (5,1%), Estados Unidos (5,0%), Alemanha (4,9%), Japão (3,6%), Canadá (5,5%), Reino Unido (5,6%), Espanha (4,3%) e Itália (4,1%). Podemos inferir que o sistema educacional brasileiro peca pela qualidade porque os recursos públicos se perdem nas atividades meio, não chegando, de modo eficaz, eficiente e efetivo aos consumidores finais, os alunos.

As principais consequências para a economia da ausência de investimentos adequados em Educação e Saúde são não proporcionar a qualificação profissional e a necessária qualidade de vida aos trabalhadores, contribuindo para reduzir a produtividade do trabalho e o crescimento econômico, bem como dificultar o aumento da expectativa de vida da população do país.

9.6.2. Más Condições Sanitárias e de Saneamento Básico

Más condições sanitárias e de saneamento básico degradam a qualidade de vida e sujeitam as populações mais carentes a doenças que acabam por reduzir sua expectativa de vida, constituindo-se num desperdício de recursos humanos necessários ao desenvolvimento econômico e social.

9.6.3. Má Distribuição da Renda e da Riqueza

Uma má distribuição de renda e da riqueza cria desequilíbrios sociais que acirram o conflito distributivo, levando ao aumento das tensões sociais prejudiciais ao bom funcionamento da economia.

9.6.4. Violência Crônica

A violência crônica é uma das características das sociedades mais atrasadas e socialmente mais desequilibradas, gerando uma piora significativa na qualidade de vida e à perda de vidas humanas que podem contribuir para o progresso da nação.

9.7. Indicadores Econômicos, Sociais e Ambientais

Em seu conjunto, os indicadores socioeconômicos medem a qualidade de vida da população de determinada região ou país, abordando aspectos como a renda, a riqueza, crescimento econômico, desenvolvimento econômico, educação, emprego, ciência e tecnologia, comércio exterior e competitividade, energia, capacidade militar, pobreza, saúde, violência, urbanização, meio ambiente e poluição, população, gênero, investimentos, distribuição da renda, inflação e contas do governo.

Portanto, os indicadores socioeconômicos de um país podem ser subdivididos em várias categorias, dentre as quais podemos, por exemplo, destacar as seguintes:

9.7.1. Indicadores de Renda e de Riqueza

- PIB – Produto Interno Bruto
- PIB per capita
- Renda Disponível
- Renda Disponível per capita

9.7.2. Indicadores de Crescimento Econômico

- Taxa de crescimento do PIB
- Taxa de crescimento do PIB per capita

9.7.3. Indicadores de Desenvolvimento Econômico

- IDH – Índice de Desenvolvimento Humano
- IPH – Índice de Privação Humana

9.7.4. Indicadores de Educação

- Gastos públicos em educação/PIB
- Gastos públicos em educação primária, secundária e terciária
- Taxa de analfabetismo adulto
- Taxa de alfabetização
- Taxa de matrícula escolar primária, secundária e terciária
- Percentagem da população com analfabetismo funcional
- Percentagem de estudantes em engenharia e ciências

9.7.5. Indicadores de Emprego

- População economicamente ativa
- Força de trabalho total
- Taxa de crescimento da força de trabalho
- Taxa de desemprego de curto e longo prazos

9.7.6. Indicadores de Ciência e Tecnologia (C&T)

- Gastos em P&D tecnológico/PIB
- Número de pesquisadores em C&T

- Número de engenheiros
- Número de cientistas
- Número de patentes
- Número de usuários de internet
- Número de telefones/100.000 habitantes
- Número de telefones celulares/100.000 habitantes
- Receitas com royalties e licenças

9.7.7. Indicadores de Comércio Exterior e Competitividade Internacional

- Exportações totais
- Exportações totais/PIB
- Exportações de produtos de alta tecnologia
- Exportação de produtos primários
- Importações totais
- Importações totais/PIB
- Importações de produtos de alta tecnologia
- Importações de produtos primários
- Saldo em transações correntes /PIB
- Termos de troca

9.7.8. Indicadores de Energia

- Uso de energia por unidade de PIB
- Taxa de eletrificação
- População sem eletricidade
- Consumo de combustíveis
- Consumo de energia total per capita
- Consumo de eletricidade per capita
- Consumo de energia "limpa"/Consumo de energia total
- Consumo de energia fóssil/Consumo de energia total

9.7.9. Indicadores de Capacidade Militar e de Defesa

- Gastos militares/ PIB
- Gastos militares/ Despesa pública total

9.7.10. Indicadores de Pobreza

- População abaixo da linha de pobreza
- População abaixo da linha de pobreza/ população total
- População sem acesso a moradia própria
- Parcela da população desnutrida
- IPH – Índice de Privação Humana
- Linha da Pobreza Absoluta
- Índice de Pobreza

9.7.11. Indicadores de Saúde

- Gastos públicos com serviços de saúde/PIB
- Gastos privados com serviços de saúde/PIB
- Gastos com serviços de saúde per capita
- Expectativa de vida ao nascer
- Taxa de mortalidade materna no parto/100.000 nascimentos
- Taxa de mortalidade infantil
- Probabilidade ao nascer de não sobreviver até determinada idade
- População com acesso a saneamento básico
- População com acesso a água potável
- Casos de malária, tuberculose e outras doenças
- Taxa de imunização contra malária e rubéola
- Taxa de fertilidade (nascimentos por mulher)
- Incidência de Aids
- Número de médicos/100.000 habitantes
- População fumante por gênero
- Número de partos atendidos por pessoal especializado
- Número de crianças abaixo do peso ao nascer

9.7.12. Indicadores de Violência

- Número de pessoas vítimas de crimes/100.000 habitantes
- População carcerária/população total

9.7.13. Indicadores de Urbanização

- População urbana/população total
- Taxa de crescimento da população urbana
- Número de residências com geladeira, televisão, automóvel, telefone, aparelho de DVD, computador, etc.

9.7.14. Indicadores de Meio Ambiente e Poluição

- Emissão de gases geradores de efeito estufa/total mundial
- Fontes de energia limpas /Fontes de energia totais
- Tratados internacionais sobre o meio ambiente ratificados
- Área de floresta/área total
- Curva de Kuznets Ambiental

9.7.15. Indicadores Populacionais

- População total
- Taxa de crescimento da população total
- População jovem/população total

- População acima de 65 anos/população total

9.7.16. Indicadores de Gênero

- Participação das mulheres na educação, no emprego, na política, em cargos de chefia e no governo
- Renda disponível por gênero
- Renda disponível per capita por gênero
- Renda das mulheres/renda dos homens

9.7.17. Indicadores de Investimento

- Formação bruta de capital fixo/PIB
- Investimento estrangeiro direto

9.7.18. Indicadores de Distribuição de Renda

- Distribuição pessoal de renda
- Distribuição funcional de renda
- População abaixo da linha de pobreza
- Coeficiente de Gini
- Medidas de Renda Relativa
- Distribuições Percentis de Renda
- Linha de Pobreza Relativa
- Linha Híbrida de Pobreza
- Curva de Lorenz
- Índice de Theil

9.7.19. Indicadores de Inflação

- Taxa de crescimento do IPC – Índice de Preços ao Consumidor
- Taxa de crescimento do IGP – Índice Geral de Preços
- Taxa de crescimento do IPA – Índice de Preços por Atacado
- Deflator implícito do PIB

9.7.20. Indicadores das Contas do Governo

- Superávit (Déficit) primário/PIB
- Superávit (Déficit) fiscal/PIB
- Dívida Pública Bruta/PIB
- Dívida Pública Líquida/PIB

9.7.21. Indicadores de Direitos Humanos, Sociais e Trabalhistas

- Ratificação das Convenções Internacionais sobre crimes de genocídio, discriminação racial, direitos políticos, direitos sociais e culturais, discriminação contra as mulheres, tratamento desumano e

- cruel, direitos das crianças, liberdade de associação, trabalho forçado e trabalho infantil.

9.8. Distribuição de Renda

A distribuição da renda é um dos principais indicadores socioeconômicos, na medida em que define o grau de equilíbrio social e econômico. Apresentamos, a seguir, as principais medidas de distribuição de renda.

9.8.1. Medidas de Distribuição de Renda

Há duas principais medidas de distribuição de renda, a Absoluta e a Relativa. Podemos, também, analisar a distribuição de renda sob a ótica Funcional e sob a ótica Pessoal.

9.8.1.1. Medidas de Renda Absoluta

As medidas de renda absoluta definem um padrão mínimo de renda, calculando, em seguida, o número de indivíduos vivendo abaixo desse limite. As principais medidas absolutas de renda são:

9.8.1.1.1. Linha da Pobreza Absoluta

Mede o nível mínimo de subsistência de um indivíduo ou uma família, incluindo itens como alimentação, água, moradia e vestuário. Pode ser medida como a proporção da população com renda abaixo de um determinado nível. A definição do que é linha de pobreza pode variar. A ONU e o Banco Mundial, por exemplo, utilizam a percentagem da população mundial vivendo com menos de US$ 1,90 por dia.

9.8.1.1.2. Índice de Pobreza

Desenvolvido por Amartya Sen, Prêmio Nobel de Economia, leva em conta o número de pobres e o grau de sua pobreza. O Índice de Pobreza é calculado como segue:

$$I_P = \frac{\left(\frac{P}{N}\right)(B-A))}{A}$$

Onde:

I_P = Índice de Pobreza.
P = Número de pessoas vivendo abaixo da linha de pobreza.
N = Número de habitantes.

B = Renda da linha de pobreza.
A = Renda média das pessoas vivendo abaixo da linha de pobreza.

9.8.1.2. Medidas de Renda Relativa

As medidas de renda relativa comparam as médias de renda de diferentes grupos da sociedade. As mais importantes são:

9.8.1.2.1.   Distribuições Percentis

Indicadores estatísticos que permitem a comparação da renda de certos grupos da sociedade: renda dos 10% mais ricos comparada com a renda dos 10% mais pobres, renda dos 20% mais ricos comparada com a renda dos 20% mais pobres, etc.

9.8.1.2.2.   Linha de Pobreza Relativa

Pode ser definida como a relação entre um certo grupo considerado pobre (por exemplo, a parcela da população que ganha menos de 30%, 40%, 50% ou 60% da renda média nacional) e o total da população. Portanto, mede a proporção de indivíduos ou famílias cuja renda é menor do que determinada fração de certa renda. A OCDE e a União Europeia usam 60% da renda média nacional.

9.8.1.2.3.   Linha Híbrida de Pobreza

Pode ser definida como a média geométrica ponderada entre a linha de pobreza absoluta e a linha de pobreza relativa, em que os pesos (ponderações) são dados pela elasticidade-renda de cada linha (Foster (1998)).

Assim:

$$Z = Z_r^{\rho}\, Z_a^{1-\rho}$$

Onde:

Z = Linha Híbrida de Pobreza.
Z_r = Linha Relativa de Pobreza.
Z_a = Linha Absoluta de Pobreza.
ρ = Elasticidade da linha de pobreza em relação ao nível de renda ($0 \leq \rho \leq 1$).

"Fisher (1995) chama ρ de elasticidade-renda da linha de pobreza, mostrando que com $\rho = 0$, z corresponde à linha absoluta de pobreza, e com $\rho = 1$, z é a linha relativa de pobreza. Com isso, o conceito da linha híbrida de pobreza transcende a questão entre linha absoluta ou relativa, passando para a discussão de quanto relativa deve ser a linha de pobreza (Foster, 1998). Portanto a decisão realmente relevante diz respeito ao valor de ρ." (Ver Vinhais e Souza, 2006)

9.8.1.2.4. Curva de Lorenz

Desenvolvida por Max Otto Lorenz (1880-1962) em 1905, é um gráfico que mostra a desigualdade relativa numa distribuição de valores de renda, em que a renda total é ordenada de acordo com níveis de renda. A percentagem de famílias é disposta no eixo dos "X" e a correspondente percentagem de renda é disposta no eixo dos "Y". Cada ponto na Curva de Lorenz representa uma combinação entre o número de famílias e a percentagem de renda que possuem. A linha reta representa uma distribuição de renda perfeita, em que todas as famílias receberiam a mesma renda. A área entre a Curva de Lorenz e a linha de distribuição perfeita da renda é o Coeficiente de Gini.

Renda

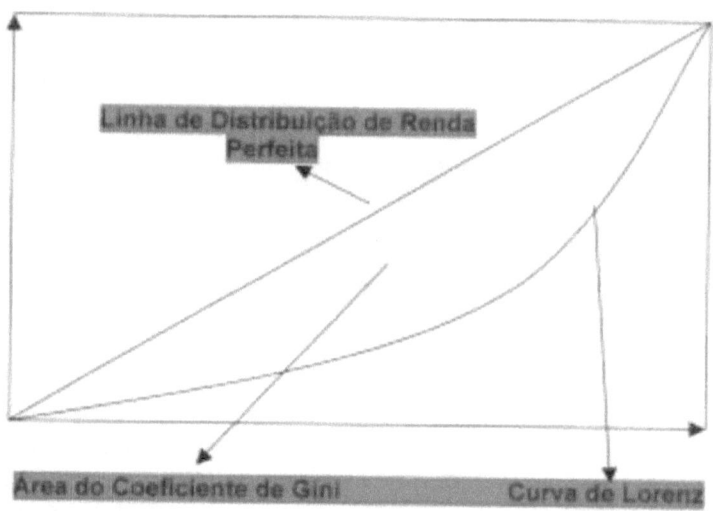

População

9.8.1.2.5. Coeficiente de Gini

O Coeficiente de Gini é uma medida de desigualdade desenvolvida pelo estatístico italiano Corrado Gini (1884-1965), e publicada no trabalho intitulado "Variabilità e Mutabilità" ("Variabilidade e Mutabilidade), em 1912, sendo normalmente utilizada para calcular a desigualdade de distribuição de renda mas pode ser usada para medir qualquer distribuição. O coeficiente de Gini é um número entre 0 e 1, em que 0 corresponde a uma completa igualdade de renda (todos os indivíduos teriam a mesma renda) e 1 corresponde a uma completa desigualdade de renda (seria como se a renda pertencesse toda a apenas um indivíduo). O índice de Gini, por sua vez, é o coeficiente expresso em pontos percentuais, sendo, portanto, igual ao coeficiente multiplicado por 100.O coeficiente de Gini é calculado como a razão das áreas no diagrama da curva de Lorenz. Assim, se a área entre a linha de perfeita igualdade e a curva de Lorenz for A, e a área abaixo da curva de Lorenz for B, então o coeficiente de Gini será igual a A/(A+B).

O Coeficiente de Gini pode ser calculado utilizando a "Fórmula de Brown":

$$G = 1 - \sum_{k=0}^{k=n=1} (X_{k+1} - X_k)(Y_{k+1} + Y_k)$$

Onde:

G = Coeficiente de Gini.
X = Proporção acumulada da População.
Y = proporção acumulada da Renda.

9.8.1.2.6. Índice de Theil

Desenvolvido por Henri Theil (1924-2000) e publicado em 1967, o Índice de Theil é uma medida estatística da distribuição de renda, sendo calculado pelo logaritmo neperiano da razão entre as médias aritméticas e geométricas da renda familiar per capita média. Se a razão entre as médias for igual a 1, o índice deTheil será igual a zero, significando uma perfeita distribuição da renda. Portanto, quanto maior a razão entre as médias, maior será o valor para o índice de Theil, e pior será a distribuição de renda. O índice de Theil localiza-se entre 0 e 1 e quanto maior este valor, pior a distribuicão da renda. O Índice de Theil é baseado no conceito de entropia de uma distribuição e é derivado da medida de entropia de uma dada distribuição.

$$T_L = \frac{1}{N} \sum_{i=1}^{N} \left(ln \, \frac{\overline{x}}{x_i} \right)$$

Onde:

T_L = Índice de Theil.
$\overline{x}$ = Média aritmética da renda familiar per capita.

X_i = Média geométrica da renda familiar per capita.
N = Quantidade de pessoas.

Características do Índice de Theil (T_L):

- T_L será igual a zero se a razão entre as médias for igual a 1 (perfeita distribuição da renda). Quanto maior a razão entre as médias, pior será a distribuição da renda. Se um indivíduo tiver toda a renda, T_L será igual a ln N.
- É simétrico, tendo a propriedade de não mudar se houver troca de indivíduos e é independente de replicações de populações.
- É invariante se alterarmos a escala da renda.

9.8.1.2.7. Índice Robin Hood

Mede quanto da renda total teria que ser redistribuída para haver igualdade de renda perfeita.

9.8.1.2.8. Desvio-padrão da renda

Indicador estatístico que mede a dispersão da renda pela sociedade. Quanto maior o valor do desvio-padrão, maior é a dispersão da renda e, portanto, maior é o desequilíbrio nessa distribuição.

9.8.1.3. Distribuição Pessoal da Renda

A distribuição pessoal da renda se refere à distribuição entre indivíduos ou grupos de indivíduos. Pode ser calculada, por exemplo, a participação dos 10%, 20%, 30%, 40% e 50% mais ricos ou mais pobres na renda nacional.

9.8.1.4. Distribuição Funcional da Renda

A distribuição funcional da renda se refere à distribuição da renda entre os detentores dos fatores de produção: lucros, juros, dividendos, aluguéis e salários. Ou seja, à distribuição entre a remuneração do capital e a remuneração do trabalho. Esse indicador é usado para medir o conflito distributivo entre capital e trabalho.

9.8.1.5. Distribuição de Renda no Brasil e em Outros Países

Os indicadores de distribuição de renda do Brasil apresentados nos Quadros abaixo se caracterizam por apresentarem grande concentração de renda, senão vejamos:

Os 10% mais pobres da população auferem apenas 0,9% da renda nacional, ao passo que os 10% mais ricos detêm 44,8% da renda nacional, significando que os segundos ganham 51,3 vezes a renda dos primeiros.

Semelhantes números são encontrados quando se compara os 20% mais pobres com os 20% mais ricos.

O Índice de Gini do Brasil (51,3 em 2010-2017, contra 53,9 em 2007-2008) é o terceiro pior entre os 35 países apresentados no Quadro abaixo, só sendo melhor do que os Índices da África do Sul (63,0) e de Moçambique (54,0). Entre os 187 países estudados no Relatório de Desenvolvimento Humano da ONU - 2018, além dos países citados, o Brasil só está melhor do que Botswana (60,5), Namíbia (61,0), Zâmbia (57,1), República Centro-Africana (56,1) e Lesoto (54,2).

Na média, o Brasil apresenta indicadores de distribuição de renda muito parecidos com os indicadores da África do Sul. O Uruguai é o país da América Latina que apresenta os melhores indicadores de distribuição de renda.

É importante ressaltar que há uma grande disparidade nos indicadores de distribuição de renda entre os países desenvolvidos e os países em desenvolvimento, uma vez que o primeiro grupo de países apresenta indicadores muito superiores aos apresentados pelo segundo grupo, não só em termos da participação dos mais pobres na renda nacional, como também pelo valor do Índice de Gini (ver Quadro abaixo).

Os países ocidentais que apresentam os melhores indicadores de distribuição de renda são Dinamarca, Bélgica, Eslovênia, Eslováquia, República Tcheca, Islândia, Suécia, Noruega, Finlândia e Áustria. A nível mundial, os países que constituíam as antigas repúblicas socialistas também apresentam bons indicadores de distribuição de renda. Os Estados Unidos apresentam indicadores substancialmente piores do que os outros países desenvolvidos. Entre os países de industrialização recente, a Coreia do Sul é o que apresenta os melhores indicadores. Os países asiáticos apresentam indicadores melhores do que os países da América Latina e da África, especialmente Indonésia, Índia e China.

A concentração da renda dificulta o processo de desenvolvimento econômico-social ao inibir o consumo das classes de baixa renda, reduzindo a expansão do mercado interno. Além disso, gera tensões sociais e violência, que dificultam o processo de desenvolvimento econômico-social, além de dificultar o processo de formação e treinamento da força de trabalho, pela inexistência de renda.

O processo de globalização econômica pode ocasionar um processo de concentração de renda no Brasil e no mundo porque a globalização acentua o processo de sobrevivência dos mais aptos. Assim, a tendência é a formação de grandes grupos econômicos que passarão a dominar parcelas crescentes da renda e da riqueza mundiais, levando à concentração da renda e da riqueza no país e no mundo. Dados divulgados recentemente mostram que nos Estados Unidos a participação dos 1%

mais ricos nesse país aumentaram substancialmente sua participação na renda nacional nos últimos anos.

	Participação na Renda ou Despesa (%)			
País	10% Mais Pobres	20% Mais Pobres	20% Mais Ricos	10% Mais Ricos
Brasil	0,9	2,8	61,1	44,8
Noruega	3,9	9,6	37,2	23,4
Austrália	2,0	5,9	41,3	25,4
Canadá	2,6	7,2	39,9	24,8
Irlanda	2,9	7,4	42,0	27,2
Suécia	3,6	9,1	36,6	22,2
Suíça	2,9	7,6	41,3	25,9
Japão	4,8	10,6	35,7	21,7
Holanda	2,5	7,6	38,7	22,9
França	2,8	7,2	40,2	25,1
Finlândia	4,0	9,6	36,7	22,6
EUA	1,9	5,4	45,8	29,9
Espanha	2,6	7,0	42,0	26,6
Dinamarca	2,6	8,3	35,8	21,3
Áustria	3,3	8,6	37,8	23,0
Reino Unido	2,1	6,1	44,0	28,5
Bélgica	3,4	8,5	41,4	28,1
Itália	2,3	6,5	42,0	26,8
Alemanha	3,2	8,5	36,9	22,1
Portugal	2,0	5,8	45,9	29,8
Argentina	0,9	3,1	55,4	38,2
Chile	1,4	3,8	60,0	45,0
Uruguai	1,9	5,0	50,5	34,0
México	1,6	4,3	55,1	39,4
Venezuela	0,7	3,3	52,1	35,2
Colômbia	0,7	2,5	62,7	46,9
Coreia do Sul	2,9	7,9	37,5	22,5
China	1,6	4,3	51,9	34,9
Turquia	2,0	5,3	49,7	34,1
Indonésia	3,6	8,4	43,3	28,5
Índia	3,6	8,1	45,3	31,1
África do Sul	1,4	3,5	62,2	44,7
Senegal	2,7	6,6	48,4	33,4
Nigéria	1,9	5,0	49,2	33,2
Burkina Faso	2,8	6,9	47,2	32,2

Medidas de Desigualdade

País	10% + Ricos/ 10%+ Pobres	20% + Ricos/ 20%+ Pobres	20% + Ricos/ 20%+ Pobres	10%+ Ricos/ 40%+ Pobres	Coef. De Gini	Coef. de Gini 2007-2008

		("Quintile Ratio") HDR 2018	("Quintile Ratio") HDR 2011	(Palma Ratio) HDR2018	2010-2017	
Brasil	51,3	15,6	21,8	3,5	51,3	54,7
Noruega	6,1	4,1	3,9	1,0	27,5	25,8
Austrália	12,5	5,8	7,0	1,4	34,7	35,2
Canadá	9,4	6,2	5,5	1,3	34,0	32,6
Irlanda	9,4	5,1	5,6	1,2	31,9	34,3
Suécia	6,2	4,6	4,0	1,0	29,2	25,0
Suíça	9,0	5,2	5,5	1,3	32,5	33,7
Japão	4,5	5,4	3,4	1,2	32,1	24,9
Holanda	9,2	4,4	5,1	1,1	29,3	30,9
França	9,1	5,2	5,6	1,3	32,7	32,7
Finlândia	5,6	3,9	3,8	1,0	27,1	26,9
EUA	15,9	9,4	8,4	2,0	41,5	40,8
Espanha	10,3	7,3	6,0	1,5	36,2	34,7
Dinamarca	8,1	4,0	4,3	1,0	28,2	24,7
Áustria	6,9	4,9	4,4	1,1	30,5	29,1
Reino Unido	13,8	5,4	7,2	1,3	33,2	36,0
Bélgica	8,2	4,2	4,9	1,0	27,7	33,0
Itália	11,6	6,6	6,5	1,4	34,7	36,0
Alemanha	6,9	5,1	4,3	1,2	31,7	28,3
Portugal	15,0	6,4	8,0	1,5	35,5	38,5
Argentina	40,9	9,5	17,8	2,1	42,4	45,8
Chile	33,0	11,2	15,7	2,8	47,7	-
Uruguai	17,9	7,9	10,2	1,8	39,7	42,4
México	24,6	8,8	12,8	2,3	43,4	51,7
Venezuela	48,3	15,8	16,0	2,8	46,9	43,5
Colômbia	63,8	14,3	25,3	3,4	50,8	58,5
Israel	-	9,8	-	2,0	41,4	-
Coreia do Sul	7,8	5,3	4,7	1,2	31,6	31,6
China	21,6	9,2	12,2	2,1	42,2	41,5
Rússia	-	6,6	-	1,7	37,7	-
Turquia	16,8	8,5	9,3	2,1	41,9	39,7
Indonésia	7,8	6,6	5,2	1,8	39,5	36,8
Índia	8,6	5,3	5,6	1,5	35,1	36,8
África do Sul	33,1	28,4	17,9	7,0	63,0	57,8
Senegal	12,3	7,7	7,4	1,9	40,3	39,2
Nigéria	17,8	9,1	9,7	2,2	43,0	42,9
Burkina Faso	11,6	5,3	6,9	1,5	35,3	39,6
Angola	-	9,0	-	2,2	42,7	-
Moçambique	-	14,2	-	3,9	54,0	-

Fonte: Human Development Reports 2007/2008, 2011 e 2018.

O salário mínimo é um importante fator de redistribuição de renda. Um salário mínimo acima do salário que seria determinado em condições de livre mercado, permite aos assalariados ter um padrão de vida mais elevado que, na prática, pode se constituir num instrumento de redistribuição de renda.

Como se vê pelos quadros abaixo, o salário mínimo real no Brasil atingiu seu pico no final dos anos 1950s, e entrou num longo e continuado processo de desvalorização até ao final do século XX. Com o Plano Real, a queda significativa da taxa de inflação e uma política voltada para o aumento sistemático do salário mínimo acima da taxa de inflação, o salário mínimo real voltou a aumentar e, nos anos 2000s, ele é substancialmente maior do que na década de 1990s, sendo um dos responsáveis pela melhoria nos indicadores socioeconômicos do Brasil nos últimos anos.

Salário Mínimo Real: Médias Anuais Em R$

Ano	Valor
1940	889,03
1944	754,50
1952	895,85
1957	1.112,44
1964	838,85
1991	275,55
1994	224,84
1998	240,76
2002	274,61
2003	278,48
2004	288,87
Jul 2005	300,00

Fonte: DIEESE – Departamento Inter-Sindical de Estudos Socioeconômicos.

ANO	Salário Mínimo (R$)	Δ (%)	IPCA* (%)
2005	300,00	-.	5,69
2006	350,00	16,67	3,14
2007	380,00	8,57	4,46
2008	415,00	9,21	5,90
2009	465,00	12,05	4,31
2010	510,00	9,68	5,91
2011	545,00	6,86	6,50
2012	622,00	14,13	5,83
2013	678,00	9,00	5,91
2014	724,00	6,78	6,40
2015	788,00	8,84	10,67

2016	880,00	11,67	6,29
2017	937,00	6,48	2,95
2018	954,00	1,81	3,75
2019	998,00	4,61	-

*Índice de Preços ao Consumidor acumulado em 12 meses.

9.8.1.7. Fatores Explicativos da Distribuição da Renda

Diversos fatores podem explicar a desigualdade de renda e a pobreza, entre os indivíduos:

- Maior ou menor acesso a bens públicos, tais como educação, serviços de saúde e saneamento básico.
- Raça.
- Gênero.
- Cultura.
- Características do mercado de trabalho.
- Habilidades inatas.
- Padrão histórico de desenvolvimento do país.
- Esforço individual.
- Uso de drogas ou álcool.
- Fatores naturais, como recursos naturais, clima e meio ambiente.
- Cultura de desrespeito às leis.
- Acesso a infraestrutura.
- Corrupção sistêmica.
- Padrões históricos de crescimento econômico.

9.8.1.7.1.   Curva de Kuznets

O economista russo naturalizado americano Simon Kuznets (1901-1985), Prêmio Nobel de Economia em 1971, desenvolveu uma relação entre o nível de renda e a desigualdade na distribuição da renda. À medida que uma economia cresce e se desenvolve, necessita de mais capital para financiar esse crescimento, beneficiando os proprietários desse capital e elevando a desigualdade de renda e riqueza em favor dos mesmos. A explicação dada por Kuznets é que os trabalhadores tendem a migrar da agricultura para a indústria e das áreas rurais para as áreas urbanas. Políticas de redistribuição da renda, como, por exemplo, estímulos fiscais ao desenvolvimento regional, investimentos maciços em educação e transferência direta de renda, podem, eventualmente, reduzir esses efeitos concentradores de renda.

A Curva de Kuznets é uma representação gráfica da teoria desenvolvida por Simon Kuznets de que a desigualdade (medida, por exemplo, pelo Coeficiente de Gini) aumenta ao longo do tempo à medida que um país se desenvolve (medido pela renda per capita) e, a partir de determinado ponto, começa a diminuir.

A curva de Kuznets tem sido muito criticada, com a argumentação de que se por um lado pode explicar adequadamente as desigualdades na América Latina, não é capaz de explicar o grande desenvolvimento de grande parte dos países da Ásia, notadamente os chamados "Tigres Asiáticos", em que a desigualdade diminuiu com o crescimento econômico acelerado.

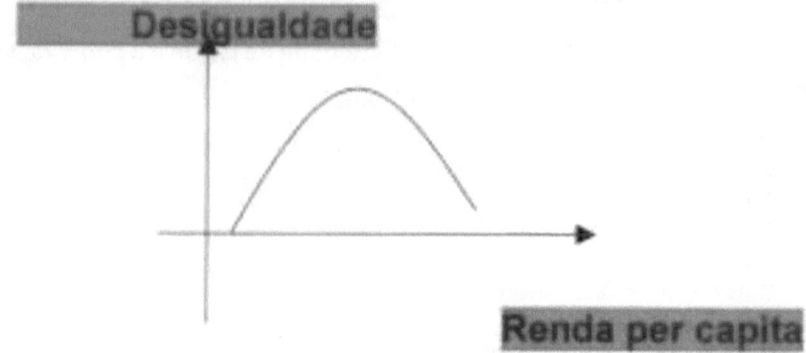

Simon Kuznets

9.8.1.7.1.1.   Curva de Kuznets Ambiental

Curva de Kuznets Ambiental

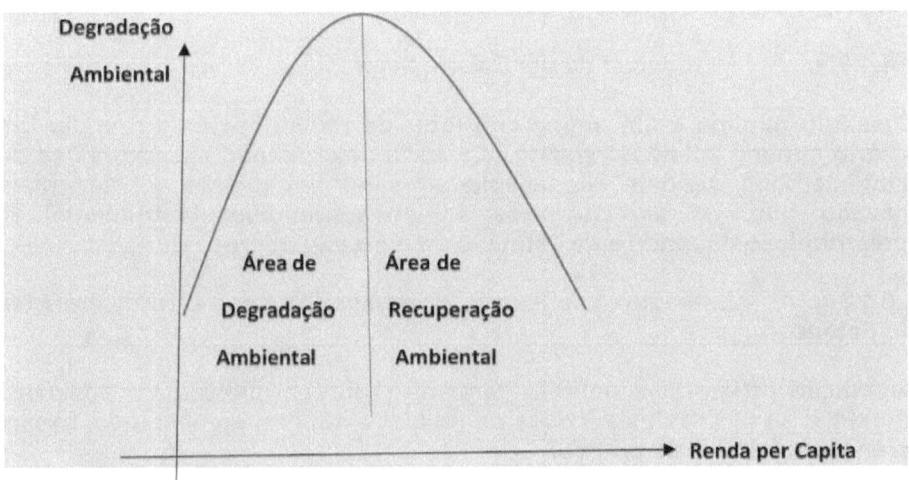

A curva de Kuznets ambiental é uma adaptação da Curva de Kuznets tradicional (curva em formato de u-invertido) aos possíveis impactos do nível de desenvolvimento sobre o meio ambiente. De acordo com os pressupostos dessa curva, os países em inferiores estágios de desenvolvimento (medidos pela renda per capita) tenderiam a degradar mais o maio ambiente, até alcançarem certo nível a partir do qual a qualidade do meio ambiente começaria a melhorar. Apesar de existir grande controvérsia sobre a matéria, os dados apresentados ao final do livro suportam essa hipótese, na medida em que, na média, os indicadores ambientais parecem ser melhores nos países desenvolvidos (que estão na segunda metade da curva) do que nos países em desenvolvimento (que estão na primeira metade da curva), tais como tratamento de esgoto, qualidade da água e do ar.

9.8.1.8. Políticas de Redistribuição de Renda

Há diversos mecanismos que favorecem a redistribuição da renda:

9.8.1.8.1. Acesso Universal a Educação e Saúde Públicas

O acesso à educação é um dos mais importantes instrumentos de redistribuição de renda. Melhor educação dá acesso a melhores e mais bem remunerados empregos, permitindo a ascensão na escala social. Além disso, pode reduzir os problemas de consumo de drogas e álcool, contribuindo também para um maior crescimento econômico.

9.8.1.8.2. Taxação Progressiva da Renda e do Patrimônio

O sistema tributário, ao tributar mais as rendas e os patrimônios mais elevados, gera os recursos que podem dar o acesso das camadas mais pobres da população aos bens públicos, a saneamento básico, a infraestrutura e a políticas de renda mínima.

9.8.1.8.3. Introdução de um Salário Mínimo

O salário mínimo é um importante fator de redistribuição de renda. Um salário mínimo acima do salário que seria determinado em condições de livre mercado, permite aos assalariados ter um padrão de vida mais elevado que, na prática, pode se constituir num instrumento de redistribuição de renda e de estímulo ao mercado interno.

9.8.1.8.4. Subsídios aos Preços dos Bens Públicos e Transferências do Estado

A taxação progressiva permite gerar os recursos que tornam possíveis subsidiar as tarifas dos serviços de utilidade pública, aumentando, assim, a renda real dos mais pobres.

9.8.1.8.5. Introdução de Políticas de Renda Mínima

Políticas de renda mínima, como o Bolsa-Família, permitem dar poder de compra às camadas mais pobres da população, sendo, efetivamente, um importante instrumento de redistribuição de renda.

9.8.1.9. Implicações Negativas da Desigualdade de Renda e Riqueza

Além dos aspectos em termos de valores sociais e filosóficos, tais como justiça e equidade, uma excessiva concentração da renda e da riqueza pode provocar importantes efeitos negativos:

9.8.1.9.1. Falta de Coesão Social

Uma má distribuição da renda e da riqueza pode romper o tecido social, colocando grupos sociais em conflito uns contra os outros.

9.8.1.9.2. Falta de Respeito pelos Valores Sociais e Morais

As más condições de vida podem estimular o desrespeito aos valores sociais e morais, provocando uma degradação do comportamento de parcelas importantes da sociedade.

9.8.1.9.3. Aumento das Taxas de Criminalidade

Uma parte importante dos crimes pode ser relacionado com a existência de condições de vida degradantes, em que a pobreza surge como um estímulo à busca pela sobrevivência, ainda que contra o sistema legal.

9.8.1.9.4. Baixos Níveis de Expectativa de Vida

Pobreza e miséria tendem a degradar as condições de saúde da população mais carente, mais vulnerável às doenças, reduzindo sua expectativa de vida.

9.8.1.9.5. Baixa Eficiência da Distribuição de Renda

Renda e riqueza excessivamente concentradas reduzem a eficiência dessas variáveis, uma vez que sua utilidade marginal tende a ser muito mais elevada para níveis mais baixos de renda.

9.8.1.9.6. Menor Incentivo à Iniciativa, à Competição e à Inovação

A pobreza e a miséria tendem a desestimular a iniciativa individual, a busca pela competição e inovação, pela inexistência de acesso às condições mínimas que o permitiriam.

9.8.1.9.7. Desestímulo ao Crescimento Econômico

A excessiva concentração de renda e da riqueza exercem um efeito negativo sobre o crescimento econômico, pelo pouco dinamismo do mercado in terno e do poder de compra da maioria da população.

9.8.1.9.7.1. Crescimento Econômico no Brasil: 1948-2018

Como pode ser visto no gráfico acima, a economia brasileira é caracterizada por apresentar grande instabilidade histórica em sua taxa de crescimento econômico no período 1948-2018. A curva de longo prazo das taxas de crescimento econômico do Brasil parece uma verdadeira montanha russa, demonstrando a incapacidade do país em manter uma taxa de crescimento estável a longo prazo.

A taxa de crescimento econômico no período 1948-2018 (em torno de 4,7% ao ano) é substancialmente menor do que a obtida no período pós-primeiro choque do petróleo (1974-80), de aproximadamente 7% ao ano e muito menor do que a obtida no período "Milagre Econômico" brasileiro (1967-73), superior a 10% ao ano.

Por sua vez, a taxa de crescimento no chamado "período democrático" brasileiro (1988-2018) de 2,1% ao ano é muito inferior à média do "período militar" (1964-1985), de 6,4% ao ano.

A taxa média de crescimento anual do Governo Militar (1964-1984) foi de 6,4%, do Governo Sarney (1985-1989) de 4,4%, do Governo Collor (1990-1992) de -1,3%, do Governo Itamar Franco (1992-1994) de 5,4%, do Governo FHC (1995-2002) de 2,4%, do Governo Lula (2003-2010) de 4,1%, do Governo Dilma (2011-2016) de 0,3% ao ano e do Governo Temer (2017-2018) de 1,1%.

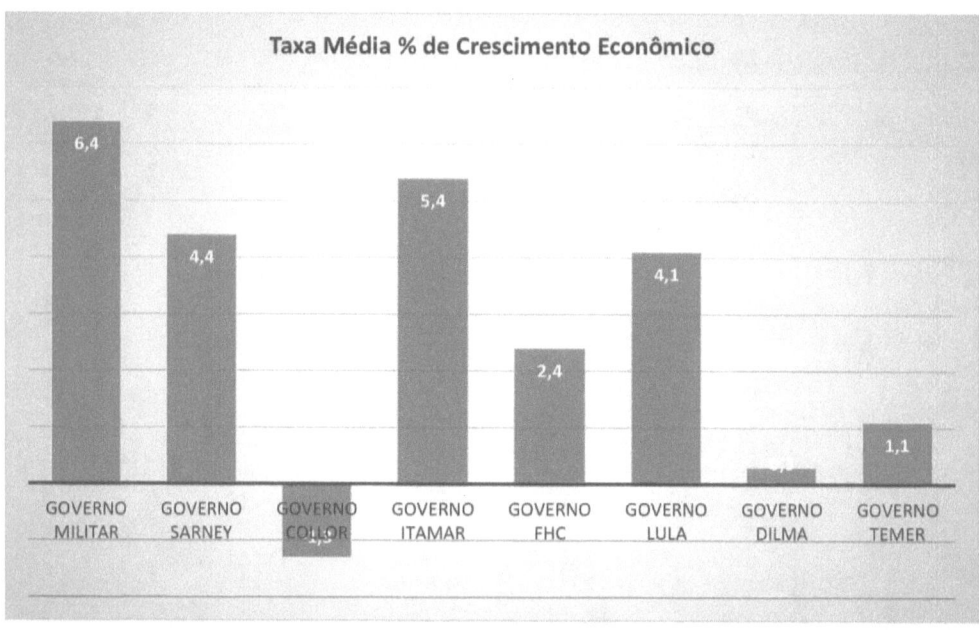

9.8.1.9.7.2. Taxa de Inflação no Brasil: 1944-2019

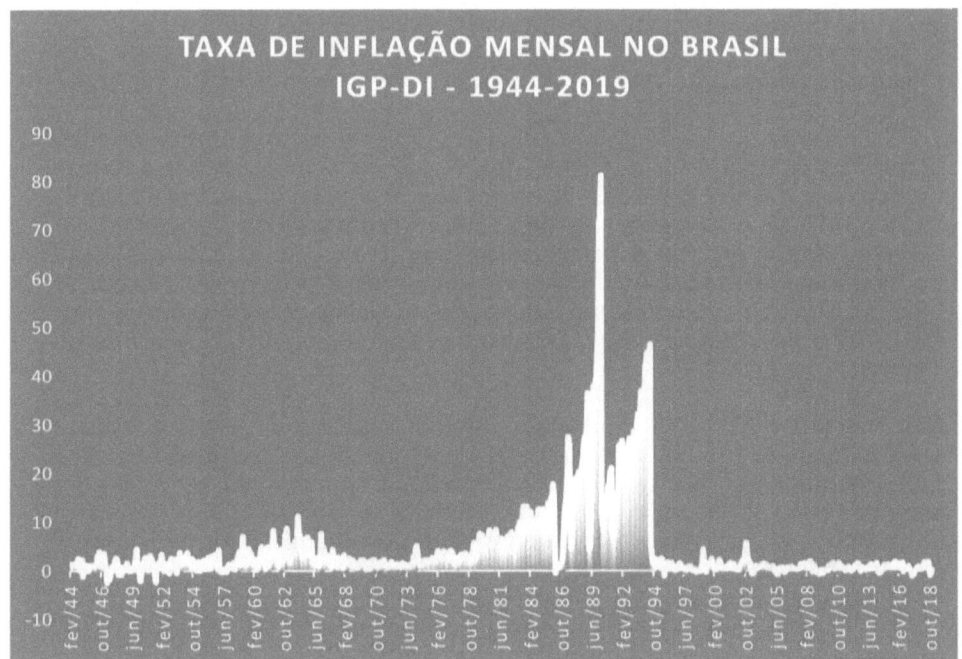

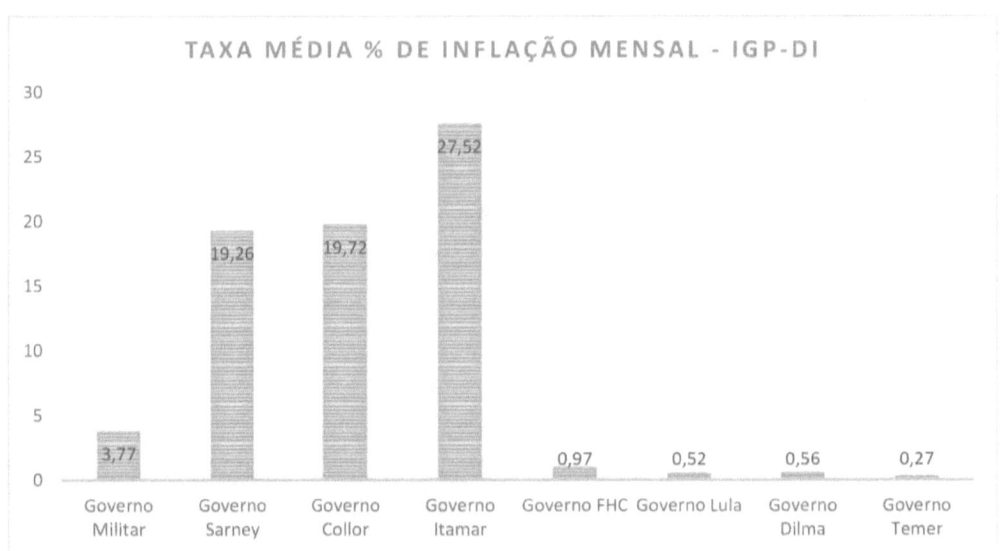

O ápice histórico das taxas mensais de inflação no Brasil ocorreu nos meses de dezembro de 1989 (49,39%), janeiro de 1990 (71,9%), fevereiro de 1990 (71,68%) e março de 1990 (81,32%).

Do ponto de vista econômico, o chamado período militar no Brasil pode ser considerado muito exitoso, na medida em que apresentou elevada taxa média de crescimento econômico (6,4%) e baixa taxa média de inflação (3,7%).

O período democrático brasileiro, nos Governos Sarney, Collor e Itamar Franco, apresentou elevadas taxas médias de inflação mensal (19,26%, 19,72% e 27,52%, respectivamente). Com a elaboração do Plano Real, no Governo Itamar Franco, o Brasil conseguiu, finalmente, domar a inflação de modo permanente e, nos governos seguintes, a taxa média mensal de inflação é bastante reduzida para os padrões brasileiros (0,97% no Governo FHC, 0,52% no Governo Lula, 0,56% no Governo Dilma e 0,27% no Governo Temer).

Não obstante haja muitas teorias econômico-sociais que poderiam explicar essa redução acentuada da taxa de inflação, penso que a explicação mais poderosa foi a decisão da sociedade brasileira de não mais conviver com elevada inflação e os custos econômicos e sociais dela advindos, passando a ter práticas de comportamento que recusam o convívio com elevada inflação.

PLANOS DE ESTABILIZAÇÃO ECONÔMICA

PLANO	PRESIDENTE	CONG. PREÇOS	CONG. SALÁRIOS	CONG. CÂMBIO	DESV. CAMBIAL	ALTERAÇÃO DO PADRÃO MONETÁRIO	OUTROS
CRUZADO (1986)	JOSÉ SARNEY	SIM	SIM	SIM	NÃO	CRUZEIRO PARA CRUZADO	• Correção anual de contratos;
BRESSER (1987)	JOSÉ SARNEY	SIM	NÃO	NÃO	SIM (9,5%)	NÃO	• Criação da URP – unidade de referência de preços (correção de ativos).
VERÃO (1989)	JOSÉ SARNEY	SIM	SIM	NÃO	SIM (16,38%)	CRUZADO PARA CRUZADO NOVO	• Extinção das OTN's;
COLLOR I (1990)	COLLOR	SIM	NÃO (reajuste salarial mensal)	NÃO	NÃO	CRUZADO NOVO PARA CRUZEIRO	• Bloqueio de ativos financeiros; • Privatização; • Abertura comercial; • Criação dos Certificados de Privatização; • Alongamento da dívida e redução da remuneração.
COLLOR II (1991)	COLLOR	SIM	SIM	NÃO	NÃO	NÃO	• Criação da TR; • Extinção do BTN (Bônus) fiscal; • Criação da NTN.
REAL (1994)	ITAMAR FRANCO	NÃO	NÃO	NÃO	NÃO	CRUZEIRO REAL PARA REAL*	• Criação da URV – unidade real de valor; • Redução da IOF; • Extinção da UFIR diária; • Valorização cambial.
REAL COMPLEM. (1995)	FHC	NÃO	NÃO	NÃO	NÃO	NÃO	• Extinção da correção monetária; • Extinção da ufir; • Criação da TBF-Taxa Básica Financeira; • Anualização dos contratos; • Extinção do IPC-r; Lei de responsabilidade fiscal; • Aceleração e ampliação do Programa Nacional de Desestatização.

9.8.1.9.8. Degradação do Meio Ambiente

A pobreza tende a gerar uma pressão irrefreável sobre o meio ambiente, pela ação humana em busca de sobrevivência: construção de habitações próximas aos cursos d'água, uso intensivo de lenha e consequente desmatamento, etc.

9.9. Medidas de Alcance Social no Brasil

Há muitas medidas de alcance social no Brasil. O art. 7º da Constituição Federal aponta 34 (trinta e quatro) direitos dos trabalhadores urbanos e rurais, além de outros que visem à melhoria de sua condição social. A contrapartida dessas medidas é que a carga tributária no Brasil subiu consideravelmente nos últimos anos. Em 1900, a carga tributária era de 10,62% do PIB, alcançando 23,3 em 1988. Em 2017, a carga tributária bruta no Brasil atingiu 32,3% do PIB.

9.9.1. Carga Tributária no Brasil: 1900-2017

ANO	Carga Tributária*
1900	10,62
1910	12,49
1920	7,00
1930	8,36
1940	13,55
1950	14,42
1960	17,42
1970	25,98
1980	24,45
1988	23,36
1990	27,94
2000	29,87
2001	31,54
2002	32,03
2003	31,39
2004	32,37
2005	33,57
2006	33,32
2007	33,67
2008	33,59
2009	32,31
2010	32,50
2011	33,38
2012	32,49
2013	32,58
2014	31,90
2015	32,15
2016	32,34
2017	32,30

*Carga Tributária Bruta/PIB (%).

Fonte: https://www12.senado.leg.br/ifi/dados/arquivos/carga-tributaria/at_download/file

CARGA TRIBUTÁRIA NO BRASIL: 1900-2017

Como pode ser visto no gráfico acima, a carga tributária no Brasil mostra uma clara tendência básica de crescimento ao longo do período 1900-2017, notadamente a partir dos anos 1920s. A mais óbvia explicação para essa tendência histórica é a modernização progressiva da economia e da sociedade, que passa a demandar maiores e mais sofisticados serviços públicos (educação, saúde, justiça, segurança, defesa nacional, diplomacia, transportes públicos) que precisam ser financiados com tributos.

Há uma forte inclinação da curva após a Revolução de 1964, quando foram criadas inúmeras instituições públicas e modernizadas outras já existentes que exigiram o aumento da carga tributária, em paralelo à própria modernização da capacidade de fiscalização e arrecadação do Estado brasileiro.

Uma outra forte inclinação da curva ocorre após 1988, com a promulgação da chamada "Constituição Cidadã" de 1988, que estabeleceu uma série de direitos constitucionais visando a melhoria dos indicadores sociais e a redistribuição da renda e que modernizou significativamente a estrutura tributária nacional, inclusive com a criação de diversos novos tributos.

No período recente, a curva da carga tributária brasileira encontrou um certo ponto de resistência, que pode ser explicado com o comportamento da sociedade brasileira que se nega a continuar financiando gigantescos gastos públicos que não se materializam em serviços públicos minimamente aceitáveis. Na verdade, a sociedade clama pela redução da carga tributária e o aumento da eficiência da economia, exigindo mais investimento privado e menos investimento público.

Carga Tributária no Brasil: 1988-2017

9.9.1.1. Curva de Lafer

A Curva de Lafer estabelece uma relação em forma de u-invertido entre a arrecadação tributária e a alíquota do imposto. Assim, o aumento da alíquota do tributo geraria aumento da arrecadação apenas até certo ponto, a partir do qual se esgotaria a capacidade de arrecadação do Estado. Como dito anteriormente e como pode ser visto no gráfico acima, a carga tributária no Brasil parece ter atingido um ponto de grande resistência, a partir do qual os efeitos sobre a arrecadação são negativos, notadamente em função dos impactos perversos sobre o estímulo ao trabalho e sobre a viabilidade dos negócios.

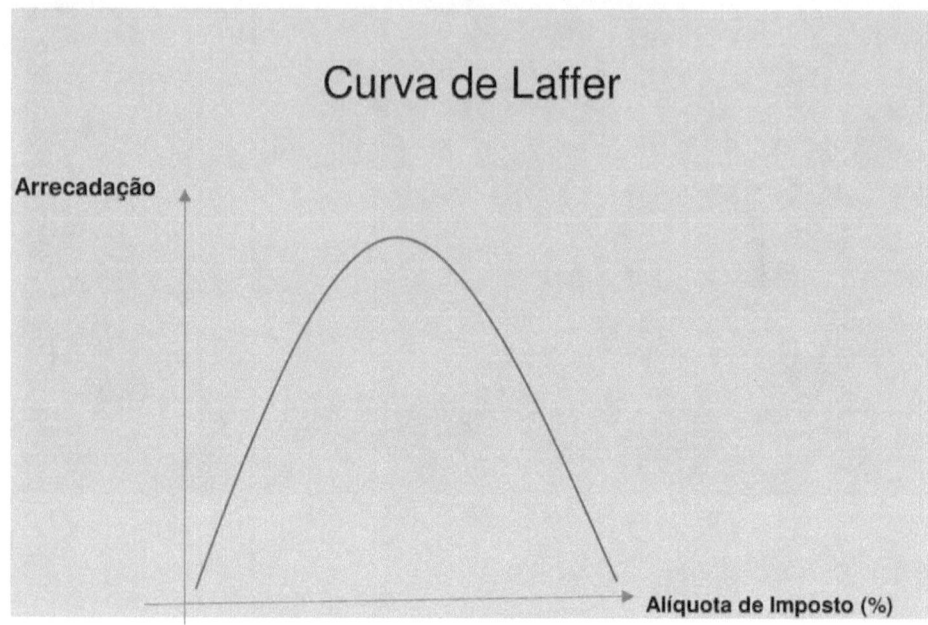

Curva de Laffer

Arrecadação

Alíquota de Imposto (%)

Uma outra forma de retratar a Curva de Laffer é estabelecer uma relação em forma de u-invertido entre a carga tributária e o nível da arrecadação de tributos. Assim, o aumento da carga tributária geraria aumento da arrecadação apenas até certo ponto, a partir do qual se esgotaria a capacidade de arrecadação do Estado.

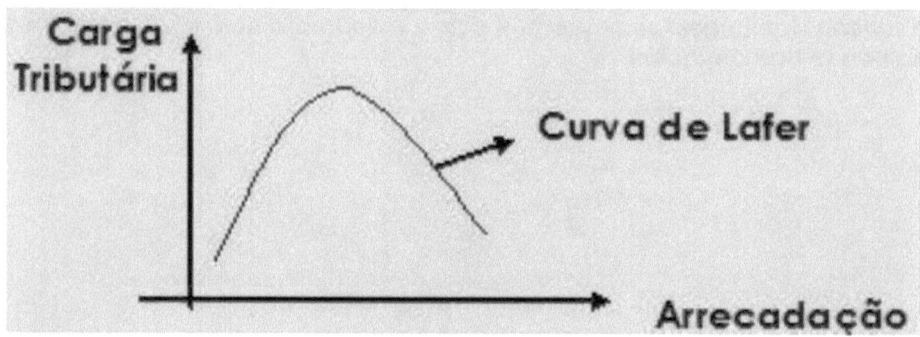

9.9.2. Encargos Sociais Básicos sobre os Salários

Em famoso artigo, publicado em 1996, o economista José Pastore demonstrou que para cada R$ 100,00 pagos em salários no Brasil, as empresas gastavam mais R$ 102,00 com encargos sociais básicos, perfazendo o total de R$ 202,00 ou 102 por cento do valor do salário. Obviamente, tais custos sobrecarregam enormemente os custos das empresas brasileiras e reduzem sua competitividade vis-à-vis as empresas do resto do mundo.

Tipos de encargos	% sobre o salário
A – Obrigações sociais	
Previdência Social	20,0
FGTS	8,0
Salário-educação	2,5
Acidentes de trabalho (média)	2,0
Sesi	1,5
Senai	1,0
Sebrae	0,6
Incra	0,2
Subtotal A	35,8
B – Tempo não-trabalhado 1	
Repouso semanal	18,91
Férias	9,45
Feriados	4,36
Abono de férias	3,64
Aviso prévio	1,32
Auxílio-enfermidade	0,55
Subtotal B	38,23
C – Tempo não-trabalhado 2	
13º salário	10,91
Despesa de rescisão contratual	2,57
Subtotal C	13,48
D – Reflexos dos itens anteriores	
Incidência cumulativa grupo A/B	13,68
Incidência do FGTS sobre o 13º	0,87
Subtotal D	14,55
Total Geral	102,06
Fonte: Itens da Constituição e CLT.	

Fonte: José Pastore, A Batalha dos Encargos Sociais, 1996.

- Inicialmente, devemos levar em conta o fato de que os diferentes tamanhos dos países e de suas populações implicam que os desafios de desenvolvimento são também muito diferentes. Há países muito desenvolvidos com pequenas populações, como Noruega (5,3 milhões), Irlanda (4,8 milhões), Finlândia (5,5 milhões), Dinamarca (5,7 milhões) e Áustria (8,7 milhões) e países pouco desenvolvidos com enormes populações, como China (1,4 bilhão), Índia (1,3 bilhão), Indonésia (264 milhões) e Nigéria (190 milhões).

- O Brasil apresenta uma das maiores economia do mundo, medida pelo tamanho do PIB e pelo critério da Paridade do Poder de Compra – PPC (US$ 2,951 trilhões em 2017). Todavia, encontra-se bem abaixo da China (US$ 21,2 trilhões), Índia (US$ 8,6 trilhões) e Rússia (US$ 3,6 trilhões). Até mesmo a Indonésia superou o Brasil (US$ 2,953 Trilhões

- O crescimento da renda per capita do Brasil, ao longo do período 1970-2008, foi de apenas 2,2%, uma das mais baixas taxas entre todos os grandes países em desenvolvimento (Coreia, 5,6%; China, 7,9%; Indonésia, 4,3; Índia, 3,6%). Isso significa que embora o Brasil tenha crescido a uma taxa média próxima à dos países desenvolvidos, outros países concorrentes do Brasil estão crescendo muito mais rapidamente.

- O PIB per capita PPC do Brasil, em 2017 (US$ 14.103), é muito superior ao da Índia (US$ 6.427) e da Indonésia (US$ 11.189). Mas foi amplamente superado pela China (US$ 15.309). Porém, ainda está muito longe do PIB per capita dos países desenvolvidos e da Coreia do Sul (US$ 35.938).

- A taxa de investimento em relação ao PIB do Brasil (15,5%) é muito inferior à taxa da Argentina (19,1%), Chile (22,1%), Coreia do Sul (31,1%), China (43,6%), Indonésia (33,5%) e Índia (30,8%), sendo uma das razões para o Brasil ter crescido menos do que estes países ao longo dos últimos anos.

- O Brasil se situava em 2018 na 79ª posição entre 187 nações estudadas no ranking mundial do IDH, pior do que a Coreia do Sul ((22ª), Chile (44ª), Argentina (44ª), Uruguai (55ª), México (74ª), Rússia (49ª) e Venezuela (78ª). Entretanto, situou-se à frente da Colômbia (90ª), China (86ª), Indonésia (116ª) e Índia (130ª).

- Vários países em desenvolvimento importantes têm apresentado uma taxa de crescimento do IDH no período 1990-2017 muito superior à do Brasil (0,81% a.a.): China (1,51% a.a.), Turquia (1,16% a.a.), Indonésia (1,02% a.a.) e Índia (1,51% a.a.). Isso significa que mesmo que o Brasil tenha melhorado, outros países concorrentes do Brasil estão melhorando muito mais rapidamente.

- Os gastos com P&D em relação ao PIB alcançaram apenas 1,2% em 2005-2015, muito abaixo do gasto dos países desenvolvidos (Suécia, 3,3%; Finlândia, 2,9%; Japão, 3,3%; Suíça, 3,0%; Estados Unidos,

2,8%; Dinamarca, 3,0%; Alemanha, 2,9% e Coreia do Sul (4,2%). Isso explica porque as exportações brasileiras ainda são muito dependentes de produtos primários e de produtos semi-industrializados (que agregam pouco valor). A participação dos produtos tecnologicamente intensivos (que agregam mais valor) ainda é residual na pauta de exportações do país.

- Os gastos com educação pública do Brasil em relação ao PIB alcançaram 5,9% em 2012-2017, acima dos níveis de países como Chile, Uruguai, Venezuela, Colômbia, México, Turquia, Coreia, China, Índia e Rússia. A Constituição Federal obriga os estados e municípios a aplicar 25% e a União 18%, no mínimo, da receita proveniente de impostos, incluída a proveniente de transferências, na manutenção e desenvolvimento do ensino.

- Os gastos com saúde pública em relação ao PIB alcançaram 8,9% em 2015, superiores aos do México, Venezuela, China, Turquia, Indonésia, Egito e Índia. A Constituição Federal obriga a União a aumentar os gastos em ações e serviços de saúde pela variação do PIB nominal a cada ano e os Municípios a aplicarem 15% da arrecadação dos tributos que especifica em serviços e ações de saúde, ao passo que os estados são obrigados a aplicar 12%.

- A violência continua sendo um problema crônico no Brasil. Sua taxa de homicídios, em 2011-2016, foi de 29,5, apenas inferior à taxa de Venezuela (56,3) e África do Sul (34,0). Como consequência disso, a percepção de segurança no Brasil também é muito baixa (40%). Apenas a África do Sul (20%), Venezuela (23%) e Rússia 31%) apresentam indicadores piores.

- O Brasil ainda apresenta alguns indicadores sociais muito piores do que o mínimo desejável (população vulnerável à pobreza (7%), população abaixo da linha de pobreza nacional (8,7%), relação alunos/professor (22), taxa de mortalidade infantil (13,5), expectativa de vida (75,7), taxa bruta de escolarização superior (34,3%), IDH (0,759), gasto público com saúde (8,9%), taxa de homicídios (29,5), percepção de segurança (40%) e gastos em P&D (1,2%), significando que ainda há um longo caminho a percorrer até tornar o país efetivamente desenvolvido.

9.10.1. Conclusão Final

Como conclusão final, poderíamos dizer que a economia brasileira tem apresentado um relativo vigor a partir dos anos 1930s, o que levou o país a ter uma das dez maiores economias do mundo (medida em dólares americanos) e uma razoável renda per capita no conjunto dos países em desenvolvimento. Todavia, os indicadores sociais do país o situam numa posição muito pior, notadamente na distribuição de renda e no desenvolvimento humano vis-à-vis os países desenvolvidos e alguns países em desenvolvimento. A desaceleração da taxa de crescimento econômico a partir dos anos 1980s, combinada com a aceleração da taxa de inflação e a consequente perda de poder de compra das classes médias e baixas, contribuiu para a deterioração do quadro social. Nos últimos anos, em função da aceleração dos gastos sociais, os indicadores começaram a melhorar. Todavia, o excessivo crescimento da carga tributária – principalmente a que incide sobre a folha de salários - coloca em risco a competitividade das empresas e da economia como um todo a médio e longo prazos e, assim, compromete o nível de bem-estar futuro da sociedade brasileira. Portanto, as políticas econômico-sociais do Brasil precisam compatibilizar políticas inclusivas e redistributivas com políticas que garantam uma competitividade real da economia brasileira nos mercados internacionais.

Falta, no Brasil, uma visão estratégica de desenvolvimento menos centrada no paternalismo e mais centrada na competência, na exigência, no empreendedorismo e no conhecimento científico.

9.11. Alguns dos Principais Problemas do Brasil

- **Excessivos direitos sociais e trabalhistas, relativamente a outros países concorrentes nos mercados internacionais (China, Índia, Indonésia), levando a uma carga tributária que pressiona os custos das empresas e reduz sua competitividade internacional.**
- **Sistema político com número excessivo de partidos que leva à corrupção pela necessidade de atender barganhas políticas para manter a maioria no Congresso. Assim, parte importante dos recursos não é canalizada diretamente para o atendimento das necessidades da população brasileira. Os dados internacionais mostram que há uma forte relação positiva entre a honestidade da sociedade e o nível de desenvolvimento econômico-social.**
- **Valores culturais que estimulam a "malandragem" e maior tolerância à corrupção. Será necessário educar as novas gerações estimulando seu comportamento honesto e solidário.**
- **Políticas de redistribuição da renda que são incompatíveis com a competitividade internacional.**
- **Não premiação do mérito e uso excessivo de cargos de confiança, levando a que os mais capazes não ocupem os cargos de maior exigência da administração pública.**
- **Sistema educacional público defasado da realidade dos países concorrentes nos mercados mundiais. É necessário formar mais cientistas e engenheiros capazes de decodificar o conhecimento tecnológico mundial e aplicá-lo no país.**
- **Falta de estímulo a investimentos em P&D tecnológico.**
- **Deficiências estruturais nos transportes e energia levando a aumento dos custos e a desperdício prejudicando a competitividade do país.**

- Excessiva concentração populacional no Sudeste, especialmente Rio de Janeiro e São Paulo, gerando problemas de administração urbana e aumento das despesas com segurança e saúde.
- Baixa produtividade do trabalho e do capital, com ênfase em produtos de baixo valor agregado e utilização de máquinas e equipamentos defasados tecnologicamente. As exportações de produtos de alta tecnologia como proporção das exportações são excessivamente baixas.
- O Brasil passa por um processo de desindustrialização como resultado de sua falta de competitividade internacional. Para tentar resolver esse problema duas alternativas se abrem para o país: o modelo centrado em substanciais investimentos em educação e ciência e tecnologia (modelo bom, onde a experiência da Coreia do Sul deveria servir de paradigma para o Brasil) e o modelo centrado no protecionismo como no passado (modelo ruim). Infelizmente, o governo parece optar pelo segundo modelo.
- No período recente, os indicadores econômico-sociais brasileiros mostram alguma melhoria. Todavia, ainda insuficiente para colocar o país numa posição de vanguarda no cenário internacional.
- O Brasil peca, sobretudo, por não estimular uma política de valorização do conhecimento (educação + treinamento + ciência e tecnologia) e do mérito (acesso dos mais capazes ao sistema científico e educacional e aos cargos do setor público). Tais fatos reduzem o dinamismo de seus sistemas educacional e empresarial, contribuindo para reduzir a competitividade do país no cenário internacional, que é, em última instância, o fator determinante do nível de vida de uma sociedade aberta a múltiplas relações com o resto do mundo.

9.12.1. Defina Socioeconomia.

9.12.2. Defina políticas econômico-sociais.

9.12.3. Qual deve ser o papel do Estado numa economia moderna?

9.12.4. O que é infraestrutura econômica?

9.12.5. Qual é a importância dos investimentos em infraestrutura?

9.12.6. O que são as Parcerias Público-Privadas e quais são suas modalidades?

9.12.7. Qual deve ser o papel dos bancos estatais de fomento no processo de desenvolvimento econômico-social?

9.12.8. Quais são os principais entraves ao desenvolvimento econômico e social?

9.12.9. Cite 5 (cinco) indicadores socioeconômicos.

9.12.10. Quais são as principais medidas e categorias da distribuição de renda?

9.12.11. Como se subdividem as medidas de renda absoluta e de renda relativa?

9.12.12. Em que consiste a distribuição pessoal da renda?

9.12.13. Em que consiste a distribuição funcional da renda?

9.12.14. O que é o Coeficiente de Gini?

9.12.15. O que é o Índice de Theil?

9.12.16. O que é a Curva de Lorenz?

9.12.17. Como tem evoluído o salário mínimo real no Brasil?

9.12.18. Cite 5 (cinco) fatores explicativos da distribuição da renda.

9.12.19. O que é a Curva de Kuznets?

9.12.20. Quais são as principais políticas de distribuição de renda?

9.12.21. Cite 5 (cinco) implicações negativas da desigualdade da renda e da riqueza.

9.12.22. O que é o Bolsa-Família e quais são suas principais medidas?

9.12.23. Como você avaliaria a situação econômico-social do Brasil no contexto mundial?

9.12.24. De acordo com a Constituição Federal, quais são as aplicações mínimas obrigatórias na manutenção e desenvolvimento do ensino da União, Estados, Distrito Federal e Municípios (Art. 212, CF)?

9.12.25. De acordo com a Constituição Federal, quais são as aplicações mínimas obrigatórias em ações e serviços de saúde da União, Estados, Distrito Federal e Municípios (Arts. 77 do Ato das Disposições ConstitucionaisTransitórias e art. 198, CF)?

9.12.26. Em que situação o imóvel rural pode ser desapropriado (Art. 184, CF)?

9.12.27. Quando é cumprida a função social da propriedade urbana (Art. 182, § 2º, CF)?

9.12.28. Quando é cumprida a função social da propriedade rural (Art. 186, CF)?

9.12.29. Em que situação o imóvel urbano pode ser desapropriado (Art. 182, § 4º, III, CF)?

9.12.30. De acordo com a Constituição Federal, o salário mínimo no Brasil deve atender a quais necessidades vitais básicas (Art. 7º, IV, CF)?

9.12.31. O que a Constituição Federal impõe quanto à erradicação da pobreza e à redução das desigualdades sociais (Art. 3º, III; Art. 23, X, CF)?

9.12.32. A partir da promulgação da Constituição Federal de 1988, o PIS e o PASEP passaram a financiar que benefícios sociais (Art. 239, § 1º, CF)?

9.12.33. Quem tem direito ao abono de que tratam o PIS e o PASEP (Art. 239, § 3º, CF)?

9.12.34. A quem compete legislar concorrentemente sobre previdência social, proteção e defesa da saúde (Art. 24, XII, CF)?

9.12.35. Em que consiste o Fundo de Combate e Erradicação da Pobreza (Art. 79 do ADCT, CF)?

9.12.36. Quais são as principais medidas de alcance social no Brasil?

9.12.37. Quais são os tipos de aposentadoria existentes no Brasil?

9.12.38. Que auxílios aos trabalhadores brasileiros existem no âmbito da assistência social?

9.12.39. Quais são as contribuições aos financiamentos da seguridade social no Brasil?

9.12.40. Como pode ser definida a linha de pobreza? E no Brasil, a linha de pobreza é definida de forma diferente da definida em outros países?

9.12.41. Quantos direitos sociais são listados no artigo 7º da CF?

9.12.42. O salário mínimo estadual pode ser maior do que o salário mínimo nacional (Lei Complementar nº 103/2000)?

9.12.43. Quem tem direito ao salário maternidade (art. 7º, XVIII, CF)?

9.12.44. Quem tem direito a um salário mínimo de benefício mensal, independentemente de contribuição à seguridade social (ar. 203, CF)?

9.12.45. Como é financiada a seguridade social no Brasil?

9.12.46. Em que consiste o "Sistema S"?

9.12.47. Descreva as principais características do PIS-PASEP e do FGTS.

Acemoglu, Daron, Simon Johnson and James Robinson (2001) "The Colonial Origins of Economic Development: An Empirical Investigation". *The American Economic Review*, n°.91: 1361-1401.
Acemoglu, Daron, Simon Johnson e James Robinson (2004) "Institutions as the Fundamental Cause of Long-run Growth". Cambridge, MA: National Bureau of Economic Research, Working Paper 10481, May 2004. (92 pp).
Adams, John e Francesco Pigliaru, orgs. (1999) *Economic Growth and Change*. Cheltenham: Elgar Press.
Agarwala e Singh, orgs. (1958) *The Economics of Underdevelopment*. New York: Oxford University Press.
Abramovitz, Moses e Paul A. David (1996) "Convergence and Deferred Catch-up: Productivity Leadership and the Waning of American Exceptionalism". *In* Ralph Landau, Timothy Taylor e Gavin Wright, orgs. (1996) *The Mosaic of Economic Growth*. Stanford University Press.
Alam, M. Shahid (1999) "Does Soverenity Matter for Economic Growth? An Analysis of Growth Rates Between 1870 and 1950". *In* John Adams e Francesco Pigliaru, orgs. (1999) *Economic Growth and Change*. Cheltenham: Elgar Press: 46-70.
Bresser Pereira, Luiz Carlos (1977) *Estado e Subdesenvolvimento Industrializado*. São Paulo: Brasiliense.
Bresser Pereira, Luiz Carlos (1986) *Lucro, Acumulação e Crise*. São Paulo: Editora Brasiliense.
Bresser-Pereira, Luiz Carlos (2004) *Democracy and Public Management Reform*. Oxford: Oxford University Press.
Bresser-Pereira, Luiz Carlos (2004) *Democracy and Public Management Reform*. Oxford: Oxford University Press. Capítulos 10 (The Republican State), 11 (Republican Democracy).
Bresser-Pereira, Luiz Carlos & Yoshiaki Nakano (2002) "Uma Estratégia de Desenvolvimento com Estabilidade". *Revista de Economia política* 21(3) julho 2002: 146-177.
Bresser-Pereira (2004) *Democracy and Public Management Reform*. Oxford: Oxford University Press.
Bielschowsky, Roberto (1988) *O Pensamento Econômico Brasileiro*. Rio de Janeiro: IPEA/INPES. Capítulo 3: "O Pensamento Desenvolvimentista": 91-212.
Bresser-Pereira, Luiz Carlos (1978) "Empresas Multinacionais e Interesses de Classe". *Encontros com a Civilização Brasileira* n°.4, outubro 1978. 11-29.
Bresser Pereira, Luiz Carlos (1973) "O Novo Modelo de Desenvolvimento". *Dados,* n.11, sem mês, 1973.
Bresser-Pereira, Luiz Carlos & José Márcio Rego (1993) "Um Mestre da Economia Brasileira: Ignácio Rangel". *Revista de Economia Política* 13(2) abril 1993: 98-119
Bresser-Pereira, Luiz Carlos (2001) "Decisões Estratégicas e *Overlapping Consensus* na América Latina". *Revista de Economia Política* 21(4), outubro 2001: 3-29.

Bresser-Pereira, Luiz Carlos (2004) *Democracy and Public Management Reform*. Oxford: Oxford University Press.

Bresser-Pereira, Luiz Carlos (2000) "Entre o Globalismo e o Velho Nacionalismo". *In* Henrique Rattner, org., *Brasil no Limiar do Século XXI*. São Paulo: EDUSP, 2000: 39-55.

Tsai, Ming-Chang (1999) "Geopolitics, State, and Political Economy of Growth". *Review of Radical Political Economics* 31(3) Summer 1999: 101:109.

Bresser-Pereira, Luiz Carlos (2004) *Democracy and Public Management Reform*. Oxford: Oxford University Press.

Bresser Pereira, Luiz Carlos (1977) *Estado e Subdesenvolvimento Industrializado*. São Paulo: Brasiliense.

Bacha, Edmar L. (1973) "Sobre a Dinâmica de Crescimento da Economia Industrial Subdesenvolvida". *Pesquisa e Planejamento Econômico* 3(4) dezembro, 1973.

Bairoch, Paul (1967) *Revolución Industrial y Subdesarrollo*. México, Siglo XXI.(entender a relação entre a Revolução Industrial e a prévia revolução agrícola na Inglaterra.

Landes, David S. (1999) *The Wealth and Poverty of Nations*. New York: W. W. Norton.

Becker, Gary S. (1993) *Human Capital* (Terceira Edição). Berkeley: Chicago: The University of Chicago Press.

Kay, Cristobal (1989) *Latin American Theories of Development and Underdevelopment*. Londres: Routledge.

Bresser Pereira, Luiz Carlos (1995) "A Teoria do Desenvolvimento Econômico e a Crise de Identidade do Banco Mundial". *Revista de Economia Política* 15(1) janeiro 1995.

Bardhan, Pranab (1988) "Alternative Approaches to Development Economics". In H.Chenery e T.N.Sriniasan, orgs. (1988) *Handbook of Development Economics*. Amsterdam: North Holland: 40-71.

Boyer, Robert (1996) "The Convergence Hypothesis Revisited: Globalization but Still the Century of Nations?". *In* Berger, Suzanne e Ronald Dore, orgs. (1996) *National Diversity and Global Capitalism*. Ithaca: Cornell University Press: 29-59.

Boyer, Robert (2004) *The Future of Economic Growth*. Cheltenham: Elgar Press.

Bresser-Pereira, Luiz Carlos (1968/2003) *Desenvolvimento e Crise no Brasil: 1930-2003*, quinta edição. São Paulo: Editora 34.

Sachs, Jeffrey D. (2001) "Tropical Underdevelopment". NBER Working Paper n°.8119, February 2001.

Bardhan, Pranab (1993) "Economics of Development and the Development of Economics". *The Journal of Economic Perspectives,* 7(2) Spring 1993: 129-142.

Cardoso, Fernando Henrique e Enzo Faletto (1969) *Dependência e Subdesenvolvimento na América Latina.* São Paulo: Difusão Europeia do Livro, 1970.

Chang, Ha-Joon (2000) "An Institutionalist Perspective on the Role of the State: Towards an Institutionalist Political Economy". *In* Leonardo

Burlamaqui, Ana Célia Castro e Ha-Joon Chang, orgs. (2000) *Institutions and the Role of the State.* Cheltenham: Edward Elgar.

Cardoso, Fernando Henrique e Enzo Faletto (1969) *Dependência e Subdesenvolvimento na América Latina.* São Paulo: Difusão Européia do Livro, 1970.

Chilcote, Ronald H. (1984) *Theories of Development and Underdevelopment.* Boulder: Westview Press. Capítulo 3: "Capitalism and the Nationalist and Reformist Tradition" (Prebisch, Perroux, Sunkel, Furtado, Gonzales Casanova, F.H. Cardoso): 23-48; 4 "Socialism and Revolutionary Tradition" (Dos Santos, Marini, Quijano, Mandel): 49-78.

Christopher Clague, ed. (1997) *Institutions and Economic Development.* Baltimore: The John Hopkins University Press.: 37-64.

Easterlin, Richard A. (1998) "The International Impact of Modern Economic Growth". Capítulo 3 de *Growth Triumphant.* Ann Arbor: The University of Michigan Press: 31-44.

Easterlin, Richard A. (2000) "The Worldwide Standard of Living Since 1800". *Journal of Economic Perspectives,* 14(1), winter 2000: 7-26.

Evans, Peter (1992) "The State as Problem and Solution: Predation, Embedded Autonomy, and Structural Change". *In* Haggard, S & R.

Frank, Andre Gunder (1966) "The Development of Underdevelopment". In Robert I. Rhodes (1970) *Imperialism and Underdevelopment: a Reader.* Nova York: Monthly Review Press. Furtado, Celso (1961) "O Processo Histórico do Desenvolvimento". *In* Bresser-Pereira e Rego, *A Grande Esperança em Celso Furtado.* São Paulo: Editora 34, 2002.

Furtado, Celso (1961) *Desenvolvimento e Subdesenvolvimento.* Rio de Janeiro: Editora Fundo de Cultura.

Furtado, Celso (1961) *Desenvolvimento e Subdesenvolvimento.* Rio de Janeiro: Editora Fundo de Cultura.

Galbraith, John K. (1967) *O Novo Estado Industrial.* Rio de Janeiro: Civilização Brasileira. 1968.

Gerschenkron, Alexander (1962) *Economic Backwardness in Historical Perspective: A Book of Essays.* New York: Praeger.

Grossman, Gene M. (1990) "Promoting New Industrial Activities: a Survey on Recent Argument and Evidence". *OECD Economic Studies,* n.14, primavera 1990.

Grossman, G. e Helpman, H. (1993) "Endogenous Innovation in the Theory of Growth". NBER Texto para discussão n°. 4527, novembro 1993.

Grossman. e Helpman (1991) *Innovation and Growth in the Global Economy.* Cambridge, Ma.: The MIT Press.

Hirschman, Albert (1981) "The Rise and Decline of Development Economics". In *Essays in Trespassing.* Cambridge: Cambridge University Press, 1981 (pp.1 - 24).

Hirschman, Albert O. (1958) *The Strategy of Economic Development.* New Haven: Yale University Press.

Harrod, Roy F. (1939) "An Essay on Dynamic Theory". In J. Stiglitz e H. Usawa, orgs. (1969) *Readings in the Theory of Economic Growth.* Cambridge, Ma.: MIT. Press, 1969.

Krieckhaus, Jonathan (2002) "Reconceptualizing the Developmental State: Public Savings and Economic Growth". *World Development*, 30(10): 1697-1712, October 2002.

Kaufman, orgs. *The Politics of Economic Adjustment*. Princeton: Princeton University Press. Kay, Cristobal (1989) *Latin American Theories of Development and Underdevelopment*. Londres: Routledge.

Kaldor, Nicholas (1957) "A Model of Economic Growth". *The Economic Journal* 67 (268): 591-624.

Krugman, Paul (1992) "Toward a Counter-Counterrevolution in Development Theory": 15-38. *The World Bank Economic Review: Proceedings of the World Bank Annual Conference on Development Economics*, 1992.

Krugman, Paul (1999) *Development, Geography, and Economic Theory*. Cambridge, Ma.: The MIT Press.

Lipset, Seymour Martin (1959) "Some Social Requisites of Democracy: Economic Development and Political Legitimacy". *American Political Science Review*, 53: 69-105.

Landes, David S. (1999) *The Wealth and Poverty of Nations*. New York: W. W. Norton.

Lucas, Robert (1988) "On the Mechanics of Economic Development". *Journal of Monetary Economics*, n.22, 1988.

Lewis, Arthur W. (1954) "Economic Development with Unlimited Supply of Labor". In Agarwala e Singh, orgs. (1958) *The Economics of Underdevelopment*. New York: Oxford University Press: 400-449.

Murphy, Kevin M., Andrei Shleifer e Robert W. Vishny (1989) "Industrialization and the Big Push". *Jounal of Political Economy*, 97(5) 1989: 1003-1026.

Marini, Ruy Mauro (1973) *Dialéctica de la Dependencia*. México: Ediciones Era.

Meyer, G. e Baldwin, R. (1963) *Desenvolvimento Econômico*

North, Douglas C. (1990) *Institutions, Institutional Change and Economic Performance*. Cambridge: Cambridge University Press.

Olson, Mancur (1997) "The New Institutional Economics: The Collective Choice Approach to Economic Development". *In*

North, Douglas, William Summerhill, and Barry R. Weingast (2000) "Order, Disorder, and Economic Change: Latin America versus North America". *In* Mesquita, Bruce Bueno de e Hilton L. Root, orgs. (2000) *Governing for Prosperity*. New Haven: Yale University Press: 17-58.

North, Douglas C. (1991) "Institutions". *Journal of Economic Perspectives*, 5(1) Winter 1991: 97-112.

Nelson, Richard R. e Sidney G. Winter (1982) *An Evolutionary Theory of Economic Change*. Cambridge, MA: Harvard University Press.

Nelson, Richard R. (1995) "Recent Evolutionary Theorizing About Economic Change". *Journal of Economic Literature* 33(1) March 1995: 48-90.

Perkins, Dwight, Steven Radelet, Donald Snodgrass and Michael Todaro, Michael P. (1989) *Economic Development in the Third World*. Quarta edição. Nova York: Longman.

Przeworski, Adam e Michael Alvarez, José Antônio Cheibub e Fernando Limongi (2000) *Democracy and Development: Political Institutions and Well-Being in the World, 1950-1990.* Cambridge: Cambridge University Press.

Prebisch, Raúl (1949) "O Desenvolvimento Econômico da América Latina e seus Principais Problemas". *Revista Brasileira de Economia* 3(4) dezembro 1949: 47-111.

Prebisch, Raúl (1984) "Five Stages in My Thinking of Development". In G. Meyer and D. Seers, orgs. (1984) *Pioneers in Development.* Washington: The World Bank.

Pagano, Ugo (2003) "Nationalism, Development and Integration: The Political Economy of Ernest Gellner". *Cambridge Journal of Economics* 27: 623-646.

Podder, Nripesh (1994) "A Profile of International Inequality". *Journal of Income Distribution* 3(2), autumn 1993.

Ray, Debraj (1999) *Development Economics.* Princeton: Princeton University Press. Capítulo 4: "The New Growth Theories": 99-126.

Nelson, Richard R. (1997) "How New is New Growth Theory". *Challenge*, setembro-outubro 1997.

Rodrigues, Domingos de Gouveia, "Pricing Policy, Income Distribution, Economic Growth, Productivity, Technological Progress and Global Competitiveness in the Dynamics of the Capitalist Economies", Tese de Doutorado, University of York, Inglaterra, 1993.

Romer, Paul M. "Capital Accumulation in the Theory of Long-Run Growth". In Robert Barro, org. (1988) *Modern Business Cycle Theory.* Cambridge, Ma.: Harvard University Press: 51-127.

Romer, Paul M. (1994) "The Origins of Endogenous Growth". *Journal of Economic Perspectives* 8(1) inverno 1994.

Rostow, Walt W. (1960) *The Stages of Economic Growth: A Non-Communist Manifest.* Cambridge: Cambridge University Press.

Roemer (2001) *Economics of Development.* New York: W.W. Norton.

Rodrik, Dani (1999) *The New Global Economy and Developing Countries: Making Openness Work.* Washington: Overseas Development Council, and Baltimore: John Hopkins University Press.

Rapley, John (1996) *Understanding Development.* Boulder, Co.: Lynne Rienner Publishers.

Rosenstein-Rodan, Paul N. (1943) "Problems of Industrialization in Eastern Europe and South-Eastern Europe". *Economic Journal* 53, June 1943.

Seligson, Mitchell A. e John T Passé-Smith, eds. (1998) *Development and Underdevelopment.* Boulder, Co.: Lynne Rienner Publishers.

Salvadori, Néri, org. (2003) *Theories of Economic Growth.* Cheltenham: Elgar Press.

Sen, Amartya (1999) *Desenvolvimento como Liberdade.* São Paulo: Companhia das Letras.

Sutcliffe, Bob and Andrew Glyn (1999) "Still Underwhelmed: Indicators of Globalization and Their Misinterpretation". *Review of Radical Political Economics* 31(1) março 1999: 111-131.

Souza, Nali de Jesus de (1999) *Desenvolvimento Econômico.* 4ª. Edição. São Paulo: Editora Atlas.

Santos, Theotônio dos (1970) *Dependencia y Cambio Social*, Santiago: Centro de Estudios Socio-Económicos da Universidade do Chile, Cadernos de Estudos Sócio-Económicos n°.11.

Stiglitz, Joseph e H. Usawa, orgs. (1969) *Readings in the Theory of Economic Growth.* Cambridge, Ma.: MIT. Press, 1969.

Schultz, Theodore W. (1986) "Education Investments and Returns". In H. Chenery e T.N.Srinivasan, orgs, *Handbook of Development Economics.* Amsterdam: North Holland.

Sunkel, Oswaldo e Pedro Paz (1970) *El Subdesarrollo Latino Americano y la Teoría del Desarrollo.* México: Fondo de Cultura.

Solow, Robert M. (1956) "A Contribution to the Theory of Economic Growth". *In Readings in the Theory of Economic Growth.* Cambridge, Mass.: M.I.T. Press, 1969: 58-87.

Sala-i-Martin, Xavier (2002) "The Disturbing 'Rise' of Global Income Inequality". NBER Working Paper 8904, abril 2002.

Schumpeter, Joseph A. (1911) *The Theory of Economic Development.* Oxford: Oxford University Press, 1961.

Sachs, Jeffrey D. (2001) "Tropical Underdevelopment". NBER Working Paper n°.8119, February 2001.

Souza, Nali de Jesus de (1999) *Desenvolvimento Econômico.* 4ª. Edição. São Paulo: Editora Atlas.

Schultz, Theodore W. (1961) "Investment in Human Capital". *American Economic Review,* 51(1) março 1961: 1-17.

Wade, Robert (1996) "Globalization and its Limits: Reports of the Death of the National Economy are Grossly Exaggerated". *In* Suzanne Berger and Ronald Dore, eds. (1996): 60-88.

Waelbroeck, Jean (1998) "Half a Century of Development Economics: A Review Based on the *Handbook of Development Economics*". *The World Bank Economic Review,* 12(2) maio 1998.

Meyer, Gerald e Baldwin, Robert (1963) *Desenvolvimento Econômico.* São Paulo: Mestre Jou, 1968.

Wade, Robert and Martin Wolf (2002) "Are Global Poverty and Inequality Getting Worse?". *Prospect,* março 2002: 16-19.

País	População Em Severa Pobreza (%) 2017	População Com Menos De US$ 1,90 Por Dia (%) 2006-2016	População Abaixo da Linha de Pobreza Nacional (%) 2006-2017	Satisfação Geral Com a Vida (0 a 10) 2010 2012-2017	Consumo de Energia Renovável/ Consumo de Energia Total (%) 2015
Brasil	0,9	3,4	8,7	6,3	43,8
Noruega				7,6	57,8
Austrália				7,3	9,2
Canadá				7,4	22,0
Irlanda				7,1	9,1
Suécia				7,3	53,2
Suíça				7,5	25,3
Japão				5,9	6,3
Holanda				7,5	5,9
França				6,6	13,5
Finlândia				7,8	43,2
EUA				7,0	8,7
Espanha				6,2	16,3
Dinamarca				7,6	33,2
Áustria				7,3	34,4
Reino Unido				7,1	8,7
Bélgica				6,9	9,2
Itália				6,2	16,5
Alemanha				7,1	14,2
Portugal				5,7	27,2
Argentina				6,0	10,0
Chile				6,3	24,9
Uruguai				6,3	58,0
México	1,0	2,5	43,6	6,4	9,2
Venezuela				5,1	12,8
Colômbia	0,9	4,5	28,0	6,2	23,6
Israel				7,3	3,7
Coreia do Sul				5,9	2,7
China	0,4	1,4	3,1	5,1	12,4

Rússia				5,6	3,3
Turquia				5,6	13,4
Indonésia	1,2	6,5	10,6	5,1	36,9
Índia	8,6	21,2	21,9	4,0	36,0
África do Sul	1,1	42,7	55,5	4,5	17,2
Angola	32,5	30,1	36,6	3,8	49,6
Nigéria	32,7	53,5	46,0	5,3	86,6
Moçambique	49,2	62,9	46,1	4,3	86,4

Fonte: Human Development Report – 2011; Nd = Não disponível.

Indicadores Econômico-Sociais Selecionados – Países Selecionados

País	IDH 2017	Crescimento Médio Anual Do IDH 1990-2017 (%)	Relação Alunos/ Professor (Escola Primária)	Taxa de Mortalidade Infantil Por 1000 Nascimentos 2016	Expectativa de Vida ao Nascer (Anos) 2017
Brasil	0,759	0,81	22	13,5	75,7
Noruega	0,953	0,42	9	2,1	82,3
Austrália	0,939	0,30	-	3,1	83,1
Canadá	0,926	0,32	-	4,3	82,5
Irlanda	0,938	0,77	16	3,0	81,6
Suécia	0,933	0,50	12	2,4	82,6
Suíça	0,944	0,47	10	3,6	83,5
Japão	0,909	0,40	16	2,0	83,9
Holanda	0,931	0,43	12	3,2	82,0
França	0,901	0,54	18	3,2	82,7
Finlândia	0,920	0,59	13	1,9	81,5
EUA	0,924	0,27	14	5,6	79,5
Espanha	0,891	0,62	13	2,7	83,3
Dinamarca	0,929	0,56	11	3,7	80,9
Áustria	0,908	0,49	10	2,9	81,8
Reino Unido	0,922	0,64	17	3,7	81,7
Bélgica	0,916	0,47	11	3,1	81,3
Itália	0,880	0,50	12	2,8	83,2
Alemanha	0,936	0,58	12	3,2	81,2
Portugal	0,847	0,65	13	2,9	81,4
Argentina	0,825	0,59	-	9,9	76,7
Chile	0,843	0,68	18	7,2	79,7

Uruguai	0,804	0,56	12	7,9	77,6
México	0,774	0,65	27	12,6	77,3
Venezuela	0,761	0,68		14,0	74,7
Colômbia	0,747	0,86	24	13,1	74,6
Israel	0,903	0,49	12	2,9	72,9
Coreia do Sul	0,903	0,80	17	2,9	82,4
China	0,752	1,51	17	8,5	76,4
Rússia	0,816	0,40	20	7,7	71,2
Turquia	0,791	1,16	18	10,9	76,0
Indonésia	0,694	1,02	14	22,2	69,4
Índia	0,640	1,51	35	34,6	68,8
África do Sul	0,699	0,46	30	34,2	63,4
Angola	0,581		-	54,6	61,8
Nigéria	0,532		-	66,9	53,9
Moçambique	0,437	2,77	55	53,1	58,9

Fonte: Human Development Report – 2011; *1990-2010;**2000-2010.

Indicadores Econômico-Sociais Selecionados – Países Selecionados

País	PIB US$ Bilhões (PPC) 2017	PIB Per Capita (US$ PPC) 2017	Despesa Pública Com Educação/ PIB (% 2012-2017)	Despesa Pública Com Saúde/ PIB (% 2015)
Brasil	2.951,7	14.103	5,9	8.9
Noruega	342,3	64.800	7,7	10,0
Austrália	1.098,3	44.649	5,2	9,4
Canadá	1.615,8	44.018	-	10,4
Irlanda	324,1	67.335	4,9	7,8
Suécia	472,7	46.949	7,7	11,0
Suíça	486,0	57.410	5,1	12,1
Japão	4.944,9	39.002	3,6	10,9
Holanda	830,5	48.473	5,5	10,7
França	2.591,2	38.606	5,5	11,1
Finlândia	223,7	40.586	7,2	9,4
EUA	17.662,3	54.225	5,0	16,8
Espanha	1.596,1	34.272	4,3	9,2
Dinamarca	269,3	46.683	7,6	10,3

Áustria	400,3	45.437	5,4	10,3
Reino Unido	2.624,6	39.753	5,6	9,9
Bélgica	485,1	42.659	6,6	10,5
Itália	2.132,6	35.220	4,1	9,0
Alemanha	3.740,2	45.229	4,9	11,2
Portugal	287,6	27937	5,1	9,0
Argentina	838,2	18.934	5,9	6,8
Chile	411,1	22.767	4,9	8,1
Uruguai	71,0	20.551	-	9,2
México	2.239,2	17.336	5,3	5,9
Venezuela	514,7	16.745	-	3,2
Colômbia	650,4	13.255	4,5	6,2
Israel	288,7	33.132	5,7	7,4
Coreia do Sul	1.849,6	35.938	5,1	7,4
China	21.223,9	15.309	-	5,3
Rússia	3.636,7	24.766	3,8	5,6
Turquia	2.029,1	25.129	4,4	4,1
Indonésia	2.953,7	11.189	3,6	3,3
Índia	8.606,5	6.427	3,8	3,9
África do Sul	697,3	12.295	5,9	8,2
Angola	173,3	5.819	-	2,9
Nigéria	1.019,0	5.338	-	3,6
Moçambique	33,7	1.136	6,5	5,4

Fonte: Human Development Report – 2011.

Indicadores Econômico-Sociais Selecionados – Países Selecionados

País	População (Milhões)	Crianças De Um Ano Não Vacinadas Contra Sarampo (%)	Taxa de Suicídios por 100.000 hab. (Homens)	População Urbana/ Total (%)	Taxa de Homicídios Por 100.000 hab.
	2017	(%)	2015	2017	2011-2016
Brasil	209,3	3	9,6	86,3	29,5
Noruega	5,3	4	12,9	81,9	0,5
Austrália	24,5	5	15,3	85,9	0,9
Canadá	36,6	11	15,3	81,4	1,7
Irlanda	4,8	8	18,0	62,9	0,8

Suécia	9,9	3	17,8	87,1	1,1
Suíça	8,5	5	15,5	73,8	0,5
Japão	127,5	4	21,7	91,5	0,3
Holanda	17,0	7	12,9	91,1	0,6
França	65,0	10	19,0	80,2	1,4
Finlândia	5,5	6	21,4	85,3	1,4
EUA	324,5	8	19,5	82,1	5,4
Espanha	46,4	4	9,4	80,1	0,6
Dinamarca	5,7	3	13,5	87,8	1,0
Áustria	8,7	4	18,5	58,1	0,7
Reino Unido	66,2	8	11,7	83,1	1,2
Bélgica	11,4	4	23,4	98,0	1,9
Itália	59,4	8	8,7	70,1	0,7
Alemanha	82,1	3	13,9	77,3	1,2
Portugal	10,3	2	14,3	64,7	0,6
Argentina	44,3	11	23,7	91,7	5,9
Chile	18,1	7	15,3	87,5	3,5
Uruguai	3,5	5	25,2	95,2	7,7
México	129,2	4	8,1	79,9	19,3
Venezuela	32,0	4	5,4	88,2	56,3
Colômbia	49,1	7	10,1	80,4	25,5
Israel	8,3	2	8,7	92,3	1,4
Coreia do Sul	51,0	2	36,1	81,5	0,7
China	1.409,5	1	7,7	58,0	0,6
Rússia	144,0	2	32,2	74,3	10,8
Turquia	80,7	4	12,6	74,6	4,3
Indonésia	264,0	25	4,5	54,7	0,5
Índia	1.339,2	12	17,9	33,6	3,2
África do Sul	56,7	40	20,7	65,8	34,0
Angola	29,8	58	38,1	64,8	4,8
Nigéria	190,9	58	20,3	49,5	9,8
Moçambique	29,7	15	20,5	35,5	3,4

Fonte: Human Development Report – 2011.

Indicadores Econômico-Sociais Selecionados – Países Selecionados

País	Usuários de Internet (% da População) 2016	Gastos Públicos Com P&D/PIB (%) 2005-2015	Gastos Militares/ PIB (%) 2010-2017	Investimento/ PIB (%) 2011-2017
Brasil	60,9	1,2	1,4	15,5
Noruega	97,4	1,9	1,7	28,8
Austrália	88,2	2,2	2,0	24,2
Canadá	89,8	1,6	1,3	23,7
Irlanda	85,0	1,5	0,3	24,3
Suécia	89,7	3,3	1,0	25,7
Suíça	89,1	3,0	0,7	23,3
Japão	93,2	3,3	0,9	23,6
Holanda	90,4	2,0	1,2	20,2
França	85,6	2,2	2,3	23,5
Finlândia	87,7	2,9	1,4	22,8
EUA	76,2	2,8	3,1	19,7
Espanha	80,6	1,2	1,2	21,2
Dinamarca	97,0	3,0	1,2	21,0
Áustria	84,3	3,1	0,7	25,1
Reino Unido	94,8	1,7	1,8	17,0
Bélgica	86,5	2,5	0,9	24,6
Itália	61,3	1,3	1,5	17,3
Alemanha	89,6	2,9	1,2	19,8
Portugal	70,4	1,3	1,7	16,3
Argentina	71,0	0,6	0,9	19,1
Chile	66,0	0,4	1,9	22,1
Uruguai	66,4	0,3	2,1	15,7
México	59,5	0,6	0,5	23,2
Venezuela	60,0	-	1,2	24,8
Colômbia	58,1	-	-	23,4
Israel	79,7	4,3	4,7	20,5
Coréia do Sul	92,8	4,2	2,6	31,1
China	53,2	-	-	43,6
Rússia	73,1	1,1	4,2	23,9
Turquia	58,3	1,0	2,1	30,9
Indonésia	25,4	-	-	33,5
Índia	29,5	-	-	30,8
África do Sul	54,0	-	-	18,6

Angola	13,0	-	-	7,8	
Nigéria	25,7	-	-	15,3	
Moçambique	17,5	-	-	35,6	

Indicadores Econômico-Sociais Selecionados – Países Selecionados

País	População Vulnerável à Pobreza (%) 2010	População Com Menos De US$ 1,25 Por Dia (%)	População Abaixo da Linha de Pobreza Nacional (%)	Satisfação Geral Com a Vida (0 a 10) 2010	Satisfação Com a Qualidade da Água (%) 2010
Brasil	7,0	3,8	21,4	6,8	83,1
Noruega				7,6	95,3
Austrália				7,5	93,4
Canadá				7,7	91,3
Irlanda				7,3	90,6
Suécia				7,5	96,7
Suíça				7,5	96,1
Japão				6,1	87,7
Holanda				7,5	94,2
França				6,8	83,9
Finlândia				7,4	95,0
EUA				7,2	89,5
Espanha				6,2	83,6
Dinamarca				7,8	97,4
Áustria				7,3	97,1
Reino Unido				7,0	94,8
Bélgica				6,9	84,7
Itália				6,4	80,6
Alemanha				6,7	95,6
Portugal				4,9	90,0
Argentina	5,7	0,9	Nd	6,4	73,8
Chile	Nd	0,0	15,1	6,6	84,5
Uruguai	0,1	0,0	20,5	6,1	92,9
México	5,8	3,4	47,4	6,8	67,7
Venezuela	Nd	3,5	29,0	7,5	67,9
Colômbia	6,4	16,0	45,5	6,4	80,2

					6,1	81,6
Coreia do Sul					6,1	81,6
China	6,3	15,9	2,8	4,7	73,3
Rússia	0,8	0,0	11,1	5,4	52,8
Turquia	7,3	2,7	18,1	5,5	64,1
Indonésia	12,2	18,7	13,3	5,5	86,9
Índia	16,4	41,6	27,5	5,0	62,7
África do Sul	22,2	17,4	23,0	4,7	53,4
Angola	10,7	54,3	Nd	4,2	47,4
Nigéria	17,8	64,4	54,7	4,8	46,8
Moçambique	9,5	60,0	54,7	4,7	71,4

Fonte: Human Development Report – 2011; Nd = Não disponível.

Indicadores Econômico-Sociais Selecionados – Países Selecionados

País	IDH	Crescimento Médio Anual Do IDH 1980-2010 (%)	Taxa de Alfab. de Adultos (%)	Relação Alunos/ Professor	Taxa de Mortalidade Por 1000 Nascimentos	Expectativa de Vida (Anos) 2010
Brasil	0,718	0,73**	90,0	23,0	21	72,9
Noruega	0,943	0,58		Nd	3	81,0
Austrália	0,929	0,57		Nd	5	81,9
Canadá	0,908	0,39		Nd	6	81,0
Irlanda	0,908	0,72		15,8	4	80,3
Suécia	0,904	0,45		9,3	3	81,3
Suíça	0,903	0,30		Nd	4	82,2
Japão	0,901	0,47		18,1	3	83,2
Holanda	0,910	0,44		Nd	4	80,3
França	0,884	0,68		18,7	4	81,6
Finlândia	0,882	0,52		13,6	3	80,1
EUA	0,910	0,36		13,9	8	79,6
Espanha	0,878	0,79	97,7	12,6	4	81,3
Dinamarca	0,895	0,39		Nd	4	78,7
Áustria	0,885	0,52		11,4	4	80,4
Reino Unido	0,863	0,47		18,3	6	79,8
Bélgica	0,886	0,51		11,1	5	80,3
Itália	0,874	0,65	98,9	10,3	4	81,4
Alemanha	0,905	0,62*		13,0	4	80,2

Portugal	0,809	0,80	94,9	11,2	4	79,1
Argentina	0,797	0,56	97,7	16,3	14	75,7
Chile	0,805	0,85	98,6	24,6	9	78,8
Uruguai	0,783	0,67*	98,3	15,0	13	76,7
México	0,770	0,85	93,4	28,1	17	76,7
Venezuela	0,735	0,44	95,2	14,5	18	74,2
Colômbia	0,710	0,83	93,2	29,3	19	73,4
Coreia do Sul	0,897	1,18		22,4	5	79,8
China	0,687	1,96	94,0	17,2	19	73,5
Rússia	0,755	0,19*	99,6	17,4	12	67,2
Turquia	0,699	1,24	90,8	Nd	20	72,2
Indonésia	0,617	1,43	92,2	16,6	39	71,5
Índia	0,547	1,61	62,8	Nd	66	64,4
África do Sul	0,619	-0,03*	88,7	30,7	62	52,0
Angola	0,486	1,45**	70,0	Nd	161	48,1
Nigéria	0,459	Nd	60,8	46,3	138	48,4
Moçambique	0,322	2,34	55,1	58,5	142	48,4

Fonte: Human Development Report – 2011; *1990-2010;**2000-2010.

Indicadores Econômico-Sociais Selecionados – Países Selecionados

País	PIB US$ Bilhões (PPC) 2008	PIB Per Capita (US$ PPC) 2009	Taxa de Crescimento Anual Do PIB per Capita 1970-2008 (%)	Despesa Pública Com Educação/ PIB (% 2007)	Despesa Pública Com Saúde/ PIB (% 2007)
Brasil	1.976,6	10.367	2,2	5,2	3,5
Noruega	280,0	56.214	2,6	6,7	7,5
Austrália	831,2	39.539	1,9	4,7	6,0
Canadá	1.301,7	37.808	1,9	4,9	7,1
Irlanda	185,2	40.697	3,5	4,9	6,1
Suécia	340,8	37.377	1,6	6,7	7,4
Suíça	324,4	45.224	1,1	5,3	6,4
Japão	4.358,5	32.418	2,1	3,4	6,5
Holanda	673,6	40.676	1,9	5,5	7,3
França	2.121,7	33.674	1,8	5,6	8,7
Finlândia	192,8	35.265	2,2	5,9	6,1

País	População (Milhões) 2011	Crianças De Um Ano Não Vacinadas Contra Sarampo (%)	Taxa Bruta de Escolarização Terciária (%) 2001-2010	População Urbana/Total (%) 2011	Taxa de Homicídios Por 100.000 hab. 2008
EUA	14.591,4	45.989	1,9	5,5	7,1
Espanha	1.442,9	32.150	2,1	4,4	6,1
Dinamarca	202,4	37.720	1,6	7,9	8,2
Áustria	316,1	38.818	2,2	5,4	7,7
Reino Unido	2.178,2	35.155	1,9	5,6	6,9
Bélgica	377,3	36.313	2,0	6,7	7,0
Itália	1.871,7	32.430	1,7	4,3	6,7
Alemanha	2.904,6	36.338	1,9	4,4	8,0
Portugal	247,0	24.920	2,5	5,3	7,1
Argentina	570,4	14.538	1,2	4,9	5,1
Chile	242,4	14.311	2,8	3,4	3,7
Uruguai	42,5	13.189	2,2	2,8	5,9
México	1.549,5	14.258	1,7	4,8	2,7
Venezuela	357,8	12.323	0,1	3,7	2,7
Colômbia	395,7	8.959	2,0	3,9	5,1
Coreia do Sul	1.344,4	27.100	5,6	4,2	3,5
China	7.903,2	6.828	7,9	1,9	1,9
Rússia	2.258,5	18.932	-0,8	3,9	3,5
Turquia	991,7	13.668	2,4	2,9	2,9
Indonésia	907,3	4.199	4,3	3,5	1,2
Índia	3.356,3	3.296	3,6	3,2	1,1
África do Sul	492,2	10.278	0,6	5,1	3,6
Angola	104,8	5.812	1,4	2,6	2,0
Nigéria	317,2	2.303	1,0	Nd	1,7
Moçambique	18,7	885	2,2	5,0	3,5

Fonte: Human Development Report – 2011.

	Indicadores Econômico-Sociais Selecionados – Países Selecionados				
País	População (Milhões) 2011	Crianças De Um Ano Não Vacinadas Contra Sarampo (%)	Taxa Bruta de Escolarização Terciária (%) 2001-2010	População Urbana/Total (%) 2011	Taxa de Homicídios Por 100.000 hab. 2008
Brasil	196,7	1	34,3	86,9	22,0
Noruega	4,9	8	73,5	79,8	0,6
Austrália	22,6	6	82,3	89,3	1,2
Canadá	34,3	7	62,3	80,7	1,7

Indicadores Econômico-Sociais Selecionados – Países Selecionados

País	Percepção De Segurança (%) 2009	Gastos Públicos Com P&D/PIB (%)	Gastos Militares/ PIB (%) 2008	Investimento/ PIB (%) 2008	Investimento Estrangeiro/ PIB (%) 2009
Irlanda	4,5	11	60,6	62,3	2,0
Suécia	9,4	3	71,5	84,8	0,9
Suíça	7,7	10	51,2	73,7	0,7
Japão	126,5	6	58,6	67,0	0,5
Holanda	16,7	4	61,6	83,3	1,0
França	63,1	10	55,3	85,9	1,4
Finlândia	5,4	2	90,9	85,4	2,5
EUA	313,1	8	85,9	82,6	5,2
Espanha	46,5	2	73,4	77,6	0,9
Dinamarca	5,6	16	77,0	87,1	1,4
Áustria	8,4	17	59,3	67,8	0,5
Reino Unido	62,4	14	59,0	79,8	4,8
Bélgica	10,8	6	66,3	97,4	1,8
Itália	60,8	9	67,2	68,6	1,2
Alemanha	82,2	4	Nd	74,0	0,8
Portugal	10,7	5	61,2	61,3	1,2
Argentina	40,8	1	69,4	92,6	5,2
Chile	17,3	4	54,8	89,3	8,1
Uruguai	3,4	6	64,9	92,6	5,8
México	114,8	5	27,9	78,1	11,6
Venezuela	29,4	17	78,2	93,6	52,0
Colômbia	46,9	5	37,0	75,3	38,8
Coreia do Sul	48,4	7	100,0	83,3	2,3
China	1.347,6	6	24,5	47,8	1,2
Rússia	142,8	2	77,2	73,2	14,2
Turquia	73,6	3	38,4	70,1	2,9
Indonésia	242,3	18	23,5	44,6	0,7
Índia	1.241,5	29	13,5	30,3	2,8
África do Sul	50,5	38	Nd	62,2	36,5
Angola	19,6	23	2,8	59,4	5,0
Nigéria	162,5	54	10,1	50,5	1,3
Moçambique	23,9	23	1,5	39,2	5,1

Fonte: Human Development Report – 2011.

		2007			
Brasil	40	1,0	1,5	19,0	1,6
Noruega	81	1,7	1,3	20,8	3,0
Austrália	63	2,2	1,8	28,3	2,4
Canadá	76	2,0	1,3	22,6	1,5
Irlanda	62	1,3	0,6	26,3	11,1
Suécia	69	3,7	1,3	19,5	2,8
Suíça	76	2,9	0,8	22,0	5,6
Japão	73	3,4	0,9	23,4	0,2
Holanda	74	1,8	1,4	20,5	4,2
França	59	2,1	2,3	21,9	2,3
Finlândia	75	3,5	1,3	20,6	0,0
EUA	75	2,7	4,3	18,4	1,0
Espanha	58	1,3	1,2	29,4	0,4
Dinamarca	83	2,6	1,4	21,5	0,9
Áustria	75	2,5	0,9	22,4	2,3
Reino Unido	64	1,8	2,5	16,7	3,4
Bélgica	64	1,9	1,2	22,7	-8,2
Itália	61	1,1	1,7	20,9	1,4
Alemanha	72	2,6	1,3	19,2	1,2
Portugal	62	1,2	2,0	21,7	1,2
Argentina	39	0,5	0,8	23,3	1,3
Chile	42	0,7	3,5	24,0	7,8
Uruguai	46	0,4	1,3	18,7	4,0
México	44	0,5	0,5	22,1	1,7
Venezuela	23	Nd	1,4	19,8	-1,0
Colômbia	45	0,2	3,7	Nd	3,1
Coréia do Sul	60	3,5	2,8	29,3	0,2
China	74	1,5	2,0	42,0	1,6
Rússia	31	1,1	3,5	22,0	3,0
Turquia	84	0,7	2,2	19,9	1,4
Indonésia	83	0,0	1,0	27,6	0,9
Índia	74	0,8	2,6	34,8	2,5
África do Sul	20	1,0	1,3	23,2	1,9
Angola	53	Nd	3,0	12,4	2,9
Nigéria	51	Nd	0,8	Nd	3,3
Moçambique	52	0,5	0,8	18,5	9,0

Planos de Estabilização Econômica

Plano	Presidente	Data	Medidas
CRUZADO	José Sarney	Legislação básica: Decreto-Lei 2.283, de 27.2.1986, posteriormente substituído pelo Decreto-Lei 2.284, de 10.3.1986.	Principais providências: a) congelamento de preços, nos níveis observados no dia 27.2.1986; b) alteração do padrão monetário, de cruzeiro para cruzado (Cz$1,00 = Cr$1.000,00), a partir de 28.2.1986; c) os reajustes de salários, vencimentos, soldos, pensões e remunerações em geral passaram a ser fixados anualmente. A partir do primeiro dissídio, os reajustes seriam automáticos toda vez que a variação acumulada do Índice de Preços ao Consumidor (IPC) atingisse 20%; d) fixação da taxa de câmbio de 3.3.1986 até 15.10.1986 (US$1,00 = Cz$13,84); e) criação de "tablita" para conversão das obrigações de pagamento, expressas em cruzeiros, sem cláusula de correção monetária prefixada; f) vedação, a partir de 11.3.1986, sob pena de nulidade, de cláusula de reajuste monetário nos contratos de prazos inferiores a um ano; g) a Obrigação Reajustável do Tesouro Nacional (ORTN) passou a denominar-se Obrigação do Tesouro Nacional (OTN). A primeira OTN foi emitida em 3.3.1986, com valor unitário de Cz$106,40, que permaneceu fixo até 1.3.1987.
BRESSER	José Sarney	Legislação básica: Decreto-Lei 2.335, de 12.6.1987, e alterações promovidas pelos Decretos-Leis 2.336, de 15.6.1987, e 2.337, de 18.6.1987.	Principais providências: a) congelamento de preços por noventa dias, inclusive os referentes a prestação de serviços, tarifas e contratos de locação de imóveis, nos níveis praticados em 12.6.1987; b) criação da Unidade de Referência de Preços (URP) como referencial para reajustar preços e salários. O valor da URP era determinado pela média mensal da variação do IPC ocorrida no trimestre imediatamente anterior e sua aplicação ocorrida a cada mês do trimestre subsequente; c) a taxa de câmbio foi reajustada em 9,5%, em 16.6.1987, seguindo-se o sistema de minidesvalorizações, a partir desta data; d) as obrigações contratuais pecuniárias e os títulos de crédito que tinham sido constituídos em cruzados, no período de 1.1.1987 a 15.6.1987, sem cláusula de reajuste ou de correção monetária, ou com cláusula de correção monetária prefixada, foram deflacionados para cada dia do vencimento, mediante aplicação de "tablita".

| VERÃO | José Sarney | Legislação básica: Medida Provisória 32, de 15.1.1989, convertida na Lei 7.730, de 31.1.1989. | Principais providências: a) congelamento de preços por prazo indeterminado, nos níveis efetivamente praticados no dia 14.1.1989; b) alteração do padrão monetário, de cruzado para cruzado novo (NCz$1,00 = Cz$1.000,00), a partir de 16.1.1989; c) os salários e as demais remunerações de assalariados e pensões, relativas ao mês de fevereiro de 1989, foram nivelados ao respectivo valor médio real de 1988; d) a partir do mês de fevereiro de 1989, o pagamento de funcionários públicos, à conta do Tesouro Nacional, passou a ser realizado até o décimo dia do mês subsequente; e) em 16.1.1989, a taxa de câmbio foi reajustada em 16,381% e mantida fixa até 14.4.1989, refixando-a, até 4.5.1989, sucedendo-se outras minidesvalorizações, até que em 3.7.1989 foi promovida nova desvalorização, de 11,892%; f) criação de "tablita" para conversão das obrigações de pagamento, expressas em cruzeiros, sem cláusula de correção monetária ou com cláusula de correção monetária prefixada; g) extinção, em 16.1.1989, das OTNs com variação diária (OTN fiscal) e, em 1.2.1989, da OTN. A OTN fiscal era usada como indexador oficial no pagamento de tributos e contribuições fiscais. |
| COLLAR I | Fernando Collor | Legislação básica: Medida Provisória 168, de 15.3.1990, convertida na Lei 8.024, de 12.4.1990; Leis 8.030, 8.031, 8.032, 8.033 e 8.034, de 12.4.1990; e Resolução CMN 1.689, de 18.3.1990. | Principais providências: a) proibição de reajustes de preços de mercadorias e serviços, a partir de 15.3.1990, sem a prévia autorização do Ministério da Fazenda; b) alteração do padrão monetário, de cruzado novo para cruzeiro (Cr$1,00 = NCz$1,00), a partir de 16.3.1990; c) o Ministro da Fazenda ficou autorizado a baixar normativos estabelecendo o percentual de reajuste mínimo mensal para os salários em geral, bem como para o salário mínimo. Esse percentual seria válido para os salários do mês em curso. Os aumentos salariais acima do nível mínimo fixado pelo Governo poderiam ser livremente negociados entre as partes, mas não seriam considerados para efeito de cálculo da variação média mensal dos preços. Da mesma forma, o Ministro foi autorizado a baixar atos determinando o percentual de reajuste máximo mensal dos preços autorizados para as mercadorias e serviços em geral; d) estabeleceu a livre pactuação das taxas de câmbio de compra e venda entre as partes contratantes, nas operações prontas e |

			futuras, realizadas junto a estabelecimentos autorizados a operar em câmbio;
			e) foi criada a possibilidade de o Banco Central atuar como agente comprador e vendedor de moedas, no mercado de taxas livres;
			f) cancelou a exigência de depósito no Banco Central das operações de câmbio celebradas para pagamento de importações;
			g) suspendeu o pagamento de juros e demais encargos incidentes sobre depósitos registrados em moeda estrangeira;
			h) determinou, compulsoriamente, o alongamento do prazo médio dos papéis, além de promover substancial redução nos encargos financeiros correspondentes. O alongamento se deu com a emissão do Bônus do Tesouro Nacional – Série Especial (BTN-E), já que o vencimento desses papéis teve início a partir de setembro de 1991, em doze parcelas sucessivas, enquanto as Letras Financeiras do Tesouro Nacional (LFT) apresentavam prazo médio de 6 a 9 meses;
			i) criou os Certificados de Privatização;
			j) determinou o bloqueio de ativos financeiros, a elevação de alíquotas e a ampliação de fatos geradores de impostos. Foram fixados limites para a liberação de ativos financeiros de um único titular em uma mesma instituição financeira. Para os saldos dos depósitos à vista e das cadernetas de poupança foi fixado o limite de Cr$50 mil. Os valores excedentes foram convertidos, a partir de 16.9.1991, em doze parcelas mensais, iguais e sucessivas, atualizadas monetariamente pela variação do BTN-Fiscal, acrescidas de juros de 6% a.a. ou fração *pro rata*. Para os depósitos a prazo fixo, com ou sem emissão de certificado, letras de câmbio, depósitos interfinanceiros, debêntures e demais ativos financeiros, bem como para os recursos captados pelas instituições financeiras por meio de operações compromissadas, foram fixados os seguintes limites:
			j.1) operações compromissadas: Cr$25 mil ou 20% do valor de resgate da operação, prevalecendo o que for maior, na data de vencimento do prazo original da aplicação;
			j.2) demais ativos e aplicações, excluídos os depósitos interfinanceiros: 20% do valor de resgate, na data de vencimento do prazo original dos títulos. As quantias excedentes aos limites fixados receberam tratamento idêntico ao dispensado aos depósitos à vista e às cadernetas de poupança;

			l) restringiu a presença do Estado na economia, através da desregulamentação e de programa de privatização; m)determinou a incidência do Imposto sobre Operações de Crédito, Câmbio e Seguro, ou relativas a títulos e valores mobiliários (IOF), em caráter transitório, sobre operações de resgate de títulos e valores mobiliários, transmissão de ouro e de ações negociadas em bolsa e saques em caderneta de poupança; n) os resgates das aplicações com origem não identificada ficaram sujeitos ao pagamento de imposto de renda, à alíquota de 25%.
COLLOR II	Fernando Collor	Legislação básica: Medidas Provisórias 294 e 295, de 31.1.1991, convertidas, respectiva-mente, nas Leis 8.177 e 8.178, de 1.3.1991.	Principais providências: a) determinou que os preços de bens e serviços praticados em 30.1.1991 somente poderiam ser majorados mediante prévia e expressa autorização do Ministério da Fazenda; b) estabeleceu regras para que os salários do mês de fevereiro de 1991, exceto os vencimentos, soldos e demais remunerações e vantagens pecuniárias de servidores públicos civis e militares da administração pública federal direta, autárquica e fundacional, e as rendas mensais de benefícios pagos pela Previdência Social ou pelo Tesouro Nacional, respeitado o princípio da irredutibilidade salarial, fossem reajustados com base no salário médio dos últimos doze meses. Os vencimentos dos servidores públicos, civis e militares, bem como a remuneração paga a pensionistas, foram reajustados em 9,36% no mês de fevereiro de 1991. A política salarial, no período de 1° de março a 31 de agosto de 1991, compreenderia, exclusivamente, a concessão de abonos; c) definiu regras determinando que as obrigações contratuais e pecuniárias constituídas no período de 1.9.1990 a 31.1.1991, sem cláusula de reajuste ou com cláusula de correção monetária prefixada, ficariam sujeitas a deflacionamento, no dia do vencimento, mediante o uso de "tablita"; d) criou a Taxa Referencial de Juros (TR) de acordo com metodologia divulgada pelo Conselho Monetário Nacional (CMN), como instrumento de remuneração das aplicações financeiras de curto prazo. Foi fixado prazo de sessenta dias para que o CMN definisse metodologia de cálculo da TR; e) extinguiu, a partir de 1.2.1991, o BTN fiscal e o BTN (instituídos, respectivamente, pelas Leis 7.777, de 19.6.1989, e 7.799, de 10.7.1989), o Maior Valor de Referência

			(MVR), as operações de *overnight* para pessoas físicas e jurídicas não-financeiras, a correção monetária, o Índice de Reajuste de Valores Fiscais (IRVF) e o Índice da Cesta Básica (ICB); f) criou a Nota do Tesouro Nacional (NTN), a ser emitida, respeitados a autorização concedida e os limites fixados na lei orçamentária, bem como em seus créditos adicionais, com a finalidade de prover o Tesouro Nacional de recursos necessários à manutenção do equilíbrio orçamentário ou para a realização de operações de crédito por antecipação de receita.
Programa de Ação Imediata (PAI)	Itamar Franco		Principais providências: a) revisão da lei orçamentária de 1993, mediante cortes de US$6 bilhões nos gastos; b) elevação da receita pública, não só mediante soluções transitórias como a criação do Imposto Provisório sobre Movimentação Financeira (IPMF), mas através do aperfeiçoamento dos instrumentos de combate à sonegação e de fiscalização; c) regularização dos pagamentos dos tesouros estaduais e municipais, relativos a suas dívidas vencidas com a União, cujo montante alcançava a cifra de US$40 bilhões; d) reforço do controle e da fiscalização sobre os bancos estaduais com o objetivo de impedir que eles funcionem como agentes financiadores de seus respectivos tesouros; e) extensão, ao sistema financeiro oficial, do dispositivo da "Lei do colarinho branco", que pune com dois a seis anos de reclusão os administradores de instituições financeiras que concederem empréstimo aos próprios acionistas controladores ou a empresas por eles controladas; f) saneamento dos bancos federais, através da redefinição de suas funções, visando a eliminação de duplicidade e concorrência recíproca predatória, enxugamento de sua estrutura, bem como maior autonomia ao Banco Central para controlar e fiscalizar a atuação desses bancos; g) aceleração e ampliação das fronteiras do Programa Nacional de Desestatização (PND), para dar continuidade ao processo de redefinição do papel do Estado e ao equacionamento dos desequilíbrios financeiros do setor público.
Plano Real	Itamar Franco	Legislação básica: Medida Provisória	Principais providências: a) alteração do padrão monetário, de cruzeiro real para real (R$1,00 = CR$2.750,00), a partir de 1.7.1994;

| | | 542, de 30.6.1994, convertida na Lei 9.069, de 29.6.1995 1 . | b) redução das alíquotas do IOF incidentes sobre as operações a que se refere a Lei 8.033, de 12.4.1990:
b.1) de 8% para zero, na transmissão ou resgate de títulos e valores mobiliários, públicos e privados, inclusive de aplicações de curto prazo;
b.2) de 25% para zero, na transmissão de ações de companhias abertas;
b.3) de 20% para zero, nos saques efetuados em cadernetas de poupança;
b.4) de 35% para 15%, na transmissão de ouro e transmissão ou resgate de título representativo de ouro;
c) interrupção, até 31.12.1994, da conversão dos tributos pela Unidade Fiscal de Referência (Ufir), desde que fossem pagos nos prazos originais previstos na legislação tributária. No caso de impostos e contribuições pagas indevidamente, ficou assegurada a compensação ou restituição com base na variação da Ufir calculada a partir da data do pagamento;
d) extinção da Ufir diária, a qual passou a ser fixada trimestralmente, além de atrelar a variação das unidades fiscais estaduais à Ufir;
e) permissão para dedução nos contratos do setor público sem cláusula de atualização monetária entre a data final do período de adimplemento da obrigação e a data da exigibilidade do pagamento, da expectativa de inflação relativamente a esse prazo. Se o contrato não mencionasse explicitamente a expectativa inflacionária, seria adotado o Índice Geral de Preços – Disponibilidade Interna (IGP-DI), aplicado *pro rata tempore* relativamente ao prazo previsto para o pagamento. Nos contratos em que houvesse cláusula de atualização monetária, poderia ser aplicada a devida dedução;
f) determinação de que as dotações constantes no Orçamento Geral da União (OGU), com as modificações propostas, seriam corrigidas para preços médios de 1994 mediante aplicação, sobre os valores expressos a preços de abril de 1993, do multiplicador 66,8402, e então convertidas em real em 1° de julho de 1994;
g) suspensão, até 30 de junho de 1995:
g.1) da concessão de avais e quaisquer outras garantias, para qualquer fim, pelo Tesouro Nacional;
g.2) da aprovação de novos projetos financiados no âmbito da Comissão de Financiamento Externo (Cofiex);
g.3) da abertura de créditos especiais ao OGU; |

| | | | g.4) da conversão, em títulos públicos federais, de créditos oriundos da Conta de Resultado a Compensar (CRC), de acordo com as Leis 8.632/1993 e 8.724/1993;
g.5) da colocação de qualquer título ou obrigação no exterior;
g.6) da contratação de novas operações de crédito interno ou externo, exceto operações para amortização do principal corrigido da dívida interna ou externa, ou referente a operações mercantis;
h) determinação para que os resultados positivos do Banco Central passassem a ser recolhidos semestralmente ao Tesouro Nacional, até o dia 10 do mês subsequente ao da apuração. Os primeiros preços a serem convertidos para a URV, em março de 1994, foram os salários, os benefícios da seguridade social e os contratos envolvendo o setor público, não ocorrendo qualquer tipo de intervenção nos mecanismos de formação dos preços dos bens e serviços. No mercado financeiro, a transição para a URV foi gradual. Em primeiro lugar, o CMN autorizou a negociação de contratos nos mercados de
futuros e o desconto de duplicatas, ambos em URV. Concomitantemente, foi autorizada a contratação de operações ativas das instituições financeiras, em URV, com exceção do crédito rural e do Sistema Financeiro da Habitação (SFH), que permaneceram seguindo regras próprias. Em seguida, foi iniciada a emissão de instrumentos financeiros privados, em URV, como os Certificados de Depósitos Bancários (CDB), debêntures e fundos de renda fixa de curto prazo. Nas operações comerciais, a URV foi adotada espontaneamente. A partir de 1º de julho de 1994, iniciou-se a última fase de implementação do Plano Real, com a conversão, ao par, para reais, dos preços e contratos expressos em URV. Os preços e contratos remanescentes em cruzeiros reais foram convertidos, respeitadas as orientações específicas de cada contrato, à taxa de CR$2.750,00 por R$1,00 (um real).
1/ A rigor, o Plano Real iniciou-se com a criação do Fundo Social de Emergência (FSE) (Emenda
Constitucional de Revisão 1, de 1.3.1994), pelo qual desvinculava receitas da União e permitia a realização de gastos com o custeio das ações do sistema de saúde, benefícios previdenciários e auxílios assistenciais de prestação continuada. O FSE foi aprovado para vigorar no biênio 1994-1995. Viabilizada a primeira etapa do |
|---|---|---|---|

			plano, o Governo criou a Unidade Real de Valor (URV) para servir como padrão de valor monetário, integrando, temporariamente, com o cruzeiro real, o Sistema Monetário Nacional. Baseada em estimativas de três índices de preços, seu uso permitiu melhor sincronia entre os preços, facilitando a transição para a nova moeda.
Plano Real (medidas complementares)	Fernando Henrique Cardoso	Legislação básica: Medida Provisória 1.053, de 30.6.1995 (convertida na Lei 10.192, de 14.2.2001).	Principais providências: a) extinção, a partir de 1.7.1995, das unidades monetárias de conta, de qualquer natureza, tais como unidades usadas na prestação de serviços (unidade taximétrica, coeficiente de honorários cobrado pelos profissionais de saúde etc). A extinção também abrangeu, a partir de 1.1.1996, as unidades fiscais adotadas por estados e municípios (UPDF, Uferj, Unif etc); b) mudança na periodicidade de correção da Ufir, passando a ser atualizada trimestralmente em 1995 e semestralmente a partir de 1996; c) permissão do uso da Ufir pelos estados e municípios, em substituição às respectivas unidades monetárias de conta e unidades fiscais extintas, desde que nas mesmas condições e periodicidade adotadas pela União; d) correção de salários pela variação do Índice de Preços ao Consumidor – Restrito (IPC-r) (entre a última data-base e o mês de junho de 1995), na primeira data-base da categoria, a partir de 1° de julho de 1995, e adoção da livre negociação coletiva para os reajustes subsequentes; e) extinção do IPC-r, a partir de 1º julho de 1995; f) criação da Taxa Básica Financeira (TBF), para ser utilizada exclusivamente como base de remuneração de operações realizadas no mercado financeiro, de prazo igual ou superior a sessenta dias.
Programa de Estabilidade Macroeconômica - 1999/ 2001	Fernando Henrique Cardoso	Legislação básica: Emendas Constitucionais 20, de 15.12.1998, 21, de 18.3.1999, e 27, de 21.3.2000; Leis 9.703, de 17.11.1998, 9.717 e 9.718, de 27.11.1998, 9.732,	Principais providências: O Programa de Estabilidade Macroeconômica, anunciado em outubro de 1998, baseou-se em três pilares fundamentais: aprofundamento do programa de consolidação fiscal - Programa de Estabilidade Fiscal, adoção de uma política monetária baseada em metas inflacionárias e realização de progressos adicionais na transformação estrutural da economia. Em relação à política estrutural, o objetivo do Programa foi intensificar os avanços nas seguintes áreas: aprovação da "Lei de Responsabilidade Fiscal" (LRF), ampliação do programa de privatização, consolidação da legislação relacionada com

		de 11.12.1998, 9.779, de 19.1.1999, 9.789, de 23.2.1999, 9.801, de 14.6.1999, 9.876, de 26.11.1999, e 9.962, de 22.2.2000; Medidas Provisórias 1.807-2, de 25.3.1999, e 1.815, de 5.3.1999; Decretos 2.913, de 29.12.1998, e 2.983, de 5.3.1999; e Portarias do Ministério da Fazenda 348, de 30.12.1998, e 22, de 3.3.1999.	a implantação da reforma da previdência e com os fundos privados de pensão, e aprovação da reforma tributária com vistas ao aprimoramento do ineficiente sistema de tributação indireta. O Programa de Estabilidade Macroeconômica foi criado com o objetivo de reverter o quadro das contas públicas. Em sua primeira versão, a meta era obter superávits primários (consolidação dos três níveis de governo) correspondentes a 2,6% do Produto Interno Bruto (PIB) em 1999, 2,8% em 2000 e 3% em 2001. Na esfera do Governo Central (Tesouro Nacional, Previdência Social e Banco Central), a meta era gerar superávits primários equivalentes a 1,8% do PIB em 1999, 2% em 2000 e 2,3% em 2001, o que iria requerer do Governo a execução de um esforço fiscal, combinando corte de despesas e aumento de receitas, capaz de gerar recursos adicionais no montante de R$28 bilhões em1999, R$33 bilhões em 2000 e R$39,4 bilhões em 2001. As ações implementadas na consecução do esforço fiscal foram divididas em quatro grupos: a) medidas de natureza estrutural, envolvendo a reforma da Previdência (E.C. 20, de 15.12.1998), a regulamentação da reforma administrativa e a prorrogação do Fundo de Estabilidade Fiscal (FEF), cuja vigência expiraria em 31.12.1999. Quanto à regulamentação da reforma administrativa, já foram aprovados os seguintes normativos: Lei 9.801, de 14.6.1999, que estabelece normas gerais para a perda de cargo público por excesso de despesa; e Lei 9.962, de 22.2.2000, que disciplina o regime de emprego público na esfera da administração federal direta, autárquica e fundacional. Relativamente ao FEF, foi substituído por novo mecanismo denominado Desvinculação de Recursos da União (DRU), para vigorar no período de 2000 a 2003 (Emenda Constitucional 27, de 21.3.2000); b) redução das despesas correntes e de capital à conta do orçamento da União, em valor equivalente a 20% das despesas passíveis de corte no OGU (Lei 9.789, de 23.2.1999); c) redução do déficit previdenciário, mediante elevação da contribuição dos funcionários ativos da União e cobrança da contribuição para os inativos e pensionistas civis. Lei neste sentido foi aprovada pelo Congresso Nacional (Lei 9.783, de 28.1.1999), mas em outubro de 1999 foi julgada inconstitucional pelo Supremo

Tribunal Federal (STF). Após este fato, o Governo encaminhou ao Congresso Nacional proposta de emenda constitucional que dispõe sobre a contribuição social do servidor público aposentado e do pensionista, bem como dos militares dos estados, do Distrito Federal e dos territórios, e de seus pensionistas. Com a aprovação da Lei 9.876, de 26.11.1999, foi alterado o cálculo para a concessão do benefício dos trabalhadores do setor privado.

d) elevação das receitas, mediante:

d.1) aumento da alíquota da Contribuição para Financiamento da Seguridade Social (Cofins), de 2% para 3%, a partir de 1.2.1999 e extensão da incidência às instituições financeiras e elevação da alíquota do IOF nas operações de seguro para 25% (Lei 9.718, de 27.11.1998). Até então, o segmento de seguros era uma exceção à norma geral que estabelecia o IOF máximo de 25%, com alíquotas de 2% para as operações de seguro de vida e 4% para as demais operações de seguro;

d.2) restabelecimento da cobrança da Contribuição Provisória sobre Movimentação ou Transmissão de Valores e de Créditos e Direitos de Natureza Financeira (CPMF), de 17.6.1999 até 16.6.2002, com elevação da alíquota de 0,20% para 0,38% nos primeiros doze meses e para 0,30% nos 24 meses restantes (E.C. 21, de 18.3.1999);

d.3) incorporação dos depósitos judiciais e extrajudiciais administrados pela Receita Federal e pelo Instituto Nacional do Seguro Social (INSS) à receita tributária da União (Lei 9.703, de 17.11.1998). Em março de 1999, as metas do Programa de Estabilidade Fiscal foram alteradas, de modo a adaptá-las ao novo regime de livre flutuação cambial, que passou a vigorar a partir de janeiro de 1999. Assim, as metas de superávit primário para o setor público consolidado passaram a ser de 3,1% do PIB em 1999, 3,25% em 2000 e 3,35% em 2001, enquanto o superávit primário do Governo Federal deveria alcançar, pelo menos, 2,3% do PIB em 1999. Outras medidas de caráter complementar foram aprovadas dentro do Programa de Estabilidade Macroeconômica, como é o caso da Lei Geral da Previdência Pública (Lei 9.717, de 27.11.1998) que dispõe sobre as regras gerais para a organização e o funcionamento dos regimes próprios de previdência social dos servidores da União, dos estados e dos municípios, e dos militares dos estados e do Distrito Federal. Além disso, foi aprovado normativo redefinindo o conceito de entidade filantrópica e o limite de isenção da contribuição previdenciária a que fará jus, bem como elevando as alíquotas de contribuição para as empresas que expõem o trabalhador a situações de risco e/ou insalubridade (Lei 9.732, de 11.12.1998). Por meio das Portarias Interministeriais Minifaz/Minas e Energia 320 a 323, de 30.11.1998, foi promovida a desregulamentação do setor de combustíveis. O atraso na aprovação de algumas medidas do ajuste fiscal – prorrogação da CPMF e instituição da contribuição dos inativos – levou o governo a adotar, em dezembro de 1998, as seguintes medidas compensatórias:

a) elevação de 0,38 ponto percentual na alíquota do IOF, a partir de 24.1.1999, com validade até a data de reinício da cobrança da CPMF (17.6.1999) e inclusão do valor de aquisição de quotas de fundos de investimento na base de cálculo do imposto (Decreto 2.913, de 29.12.1998, e Portaria Minifaz 348, de 30.12.1998);

b) redução da alíquota da Contribuição Social sobre o Lucro Líquido (CSLL) a cargo das instituições financeiras, de 18% para 8% (mesma alíquota cobrada das demais pessoas jurídicas), a partir de 1.1.1999, com validade até 30.4.1999. A partir de 1º de maio passou a vigorar uma alíquota de 12%, vigente para todas as pessoas jurídicas.

Em março de 1999, foram implementadas as seguintes medidas adicionais, visando:

a) ganhos de receita:

a.1) alteração na forma de aplicação da alíquota adicional do IOF (0,38%), por meio da Portaria Minifaz 22, de 3.3.1999;

a.2) suspensão do crédito presumido do Imposto sobre Produtos Industrializados (IPI) a título de ressarcimento da Cofins e da Contribuição para o Plano de Integração Social/Programa de Formação do Patrimônio do Servidor Público (PIS/Pasep) incidentes sobre os produtos destinados à exportação (Medida Provisória 1.807-2, de 25.3.1999);

a.3) aumento no preço dos combustíveis (Portarias Interministeriais 25 a 29, de 9.3.1999);

b) cortes de despesas:

b.1) redução de gastos com pessoal mediante a suspensão de concursos públicos, de nomeações e da correção de curvas e de progressões; e extinção do adicional por tempo de serviço de que trata a Lei 8.112/1990 (Decreto 2.983, de 5.3.1999, e Medida Provisória 1.815, da mesma data).

| | | | Por último, cabe mencionar a aprovação da LRF (Lei Complementar 101, de 4.5.2000) que estabelece normas de finanças públicas voltadas para a responsabilidade na gestão fiscal. Entre as medidas relacionadas com o Programa de Estabilização, dependem ainda de aprovação pelo Congresso Nacional a reforma tributária e projetos de lei que dispõem sobre o regime de previdência privada. |

Fonte: Banco Central do Brasil.